BEI GRIN MACHT SICH IHR WISSEN BEZAHLT

- Wir veröffentlichen Ihre Hausarbeit,
  Bachelor- und Masterarbeit

- Ihr eigenes eBook und Buch -
  weltweit in allen wichtigen Shops

- Verdienen Sie an jedem Verkauf

Jetzt bei www.GRIN.com hochladen und kostenlos publizieren

GRIN

Katharina Moosmann

E-Recruiting. Neue Medien zur Personalsuche nutzen

GRIN Verlag

Bibliografische Information der Deutschen Nationalbibliothek:

Die Deutsche Bibliothek verzeichnet diese Publikation in der Deutschen National-
bibliografie; detaillierte bibliografische Daten sind im Internet über http://dnb.d-
nb.de/ abrufbar.

Dieses Werk sowie alle darin enthaltenen einzelnen Beiträge und Abbildungen
sind urheberrechtlich geschützt. Jede Verwertung, die nicht ausdrücklich vom
Urheberrechtsschutz zugelassen ist, bedarf der vorherigen Zustimmung des Verla-
ges. Das gilt insbesondere für Vervielfältigungen, Bearbeitungen, Übersetzungen,
Mikroverfilmungen, Auswertungen durch Datenbanken und für die Einspeicherung
und Verarbeitung in elektronische Systeme. Alle Rechte, auch die des auszugsweisen
Nachdrucks, der fotomechanischen Wiedergabe (einschließlich Mikrokopie) sowie
der Auswertung durch Datenbanken oder ähnliche Einrichtungen, vorbehalten.

Impressum:

Copyright © 2012 GRIN Verlag GmbH
Druck und Bindung: Books on Demand GmbH, Norderstedt Germany
ISBN: 978-3-656-43407-8

Dieses Buch bei GRIN:

http://www.grin.com/de/e-book/214573/e-recruiting-neue-medien-zur-personalsuche-
nutzen

GRIN - Your knowledge has value

Der GRIN Verlag publiziert seit 1998 wissenschaftliche Arbeiten von Studenten, Hochschullehrern und anderen Akademikern als eBook und gedrucktes Buch. Die Verlagswebsite www.grin.com ist die ideale Plattform zur Veröffentlichung von Hausarbeiten, Abschlussarbeiten, wissenschaftlichen Aufsätzen, Dissertationen und Fachbüchern.

Besuchen Sie uns im Internet:

http://www.grin.com/

http://www.facebook.com/grincom

http://www.twitter.com/grin_com

E-Recruiting – Neue Medien zur Personalsuche nutzen

Bachelorarbeit für die Prüfung zum

Bachelor of Arts (B.A.)

Fakultät Wirtschaft

Duale Hochschule Baden-Württemberg Mannheim

Vorname Name:	Katharina Moosmann
Studiengang:	BWL-Versicherung
Kurs:	WVS09C
Abgabetermin:	05.03.2012

Abstract

Die vorliegende Ausarbeitung befasst sich mit der Thematik des E-Recruitings. Dabei werden die Instrumente des E-Recruitings mit den Instrumenten des herkömmlichen Personalbeschaffungsprozesses verglichen und die Vor- und Nachteile der jeweiligen Methoden verdeutlicht. Es werden einzelne Bestandteile des E-Recruitings und der klassischen Personalbeschaffung näher erläutert, wobei bei der klassischen Personalbeschaffung sowohl die interne als auch die externe Beschaffungsweise untersucht werden. Ebenso wird der Aspekt des optimalen Zusammenschlusses von klassischen Personalbeschaffungsmethoden und dem E-Recruiting erarbeitet.

Ein wichtiger Bestandteil dieser Bachelorarbeit ist eine von der Verfasserin durchgeführte Umfrage zum Thema Personalbeschaffung im Allgemeinen und E-Recruiting im Speziellen, welche sich auf den Zusammenhang zwischen dem Alter der Personen und E-Recruitingmaßnahmen, sowie auf E-Recruitingmaßnahmen innerhalb und außerhalb der Versicherungsbranche bezieht.

Inhaltsverzeichnis

Abbildungsverzeichnis

1   Ausgangssituation und Zielsetzung

„Trotz anhaltend hoher Arbeitslosenzahlen ist es für Unternehmen nicht immer leicht, das geeignete Personal zu finden. (…) Daher kommt dem Prozess der Personalbeschaffung und –auswahl eine große Bedeutung zu."[1] Aufgrund der Komplexität der Personalbeschaffung und deren Bedeutung für ein Unternehmen, nutzen Unternehmen neue Wege zur Mitarbeitergewinnung.

Ziel dieser Arbeit ist es, die klassischen Personalbeschaffungsmethoden mit den neuen Methoden zu vergleichen und zu analysieren, welche Methode sich unter welchen Bedingungen besser eignet. In diesem Zusammenhang werden folgende Fragen betrachtet:

- Wird die elektronische Methode die klassische vielleicht irgendwann verdrängt haben?
- Gibt es die Möglichkeit die Schwächen der klassischen Personalbeschaffung durch die Vorteile der elektronischen Methode zu eliminieren und umgekehrt?

Um eine bessere Lesbarkeit zu gewährleisten, verzichtet die Verfasserin auf eine geschlechterspezifische Doppelnennung. Selbstverständlich sind dennoch beide Geschlechter gemeint.

---

[1] Hohlbaum, Anke; Olesch, Gunther (Human Resources, 2006), S. 33

2   Personalbeschaffung

2.1   Klassische Instrumente der Personalbeschaffung

2.1.1   Interne Personalbeschaffung

2.1.1.1   Der Begriff der internen Personalbeschaffung

Die Personalbeschaffung unterteilt sich in die interne und externe Personalbeschaffung. Die interne Personalbeschaffung wird wiederrum unterteilt in Bedarfsdeckung mit und ohne Personalbewegung. Bei der Bedarfsdeckung mit Personalbewegung versuchen Unternehmen eine offene Stelle vorerst durch ihr bereits vorhandenes Personal zu decken, da durch externes Personal ein höherer Kosten- und Zeitaufwand entsteht. [2] Unter die Bedarfsdeckung mit Personalbewegung fallen Versetzung durch Weisung/ Änderungskündigung, Stellenclearing, innerbetriebliche Stellenausschreibung und Personalentwicklung. [3] Um unter dem verfügbaren Personal einen geeigneten Arbeitnehmer zu finden, ist es hilfreich, Daten wie bspw. vorhandene Aus- und Weiterbildungen, sowie vorhandenes Potenzial des Personals in der Personalakte oder Ähnlichem zu speichern. [4] Vor allem zur Deckung des Führungskräftepersonals greifen Unternehmen gerne auf die interne Personalbeschaffung, auch ‚Rekrutierung aus den eigenen Reihen' genannt, zurück, da es sich hierbei um eine Positionen mit viel Verantwortung handelt, man einen internen Mitarbeiter bereits kennt und ihm vertraut. [5]

---

[2] Vgl. Jung, Hans (Personalwirtschaft, 2008), S. 136
[3] Vgl. Jung, Hans (Personalwirtschaft, 2008), S. 137
[4] Vgl. Lugert, Sebastian (Interne Personalbeschaffung 2009)
[5] Vgl. Büdenbender, Ulrich; Strutz, Hans (Gabler Lexikon, 2005), S. 213

Abb. 1: Personalbeschaffung

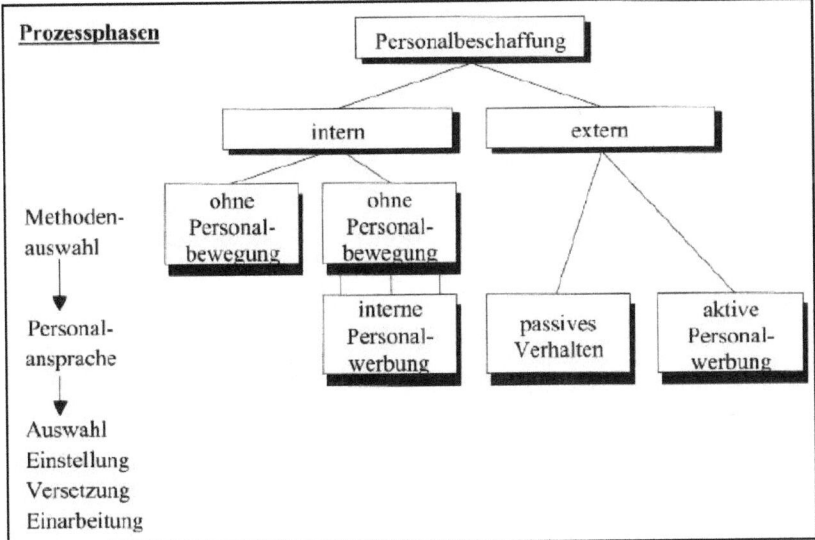

Quelle: Bühner, Rolf (Personalmanagement, 2005), S. 69

Zur Bedarfsdeckung ohne Personalbewegung gehören Mehrarbeit, Überstunden, Verlängerung der betrieblichen Arbeitszeit, Urlaubsverschiebung, Qualifikation der Mitarbeiter, Einarbeitung und Umschulung. Hierauf wird meistens zurückgegriffen, wenn es sich um eine kurzfristige Lücke im Personalbestand handelt. Viele Mitarbeiter sehen durch einen Zusatzverdienst Überstunden oder die Verschiebung des Urlaubs nicht als negativ an, doch wird dieser Zustand dauerhaft betrieben, so kann dies schwere soziale und gesundheitliche Folgen haben. [6]

Ist die Zahl der Mitarbeiter aus organisatorischen oder wirtschaftlichen Gründen konstant zu halten, so besteht die Möglichkeit die vorhandene Arbeitsleistung durch Weiterqualifikation der Mitarbeiter effizienter zu nutzen. Es entsteht ein beidseitiger Nutzen, da das Unternehmen bestehendes Personal effizienter

---

[6] Vgl. Jung, Hans (Personalwirtschaft, 2008), S. 137

einsetzen und die Mitarbeiter sich beruflich weiterentwickeln können. [7] Die direkte Ausbildung von Mitarbeitern innerhalb des Unternehmens stellt eine weitere, direkte Maßnahme zur Sicherstellung des zukünftigen Personalbestands dar. [8]

2.1.1.2   Interne Stellenausschreibung und Versetzung

Offene innerbetriebliche Stellen werden der Belegschaft oft durch einen Aushang am ‚schwarzen Brett‘ oder dem Intranet bekannt gegeben. [9] Generell steht es jedem Unternehmen offen, wie es eine offene Stelle besetzt. Der Betriebsrat kann jedoch nach § 93 BetrVG verlangen, dass, wenn der Arbeitgeber die Stelle extern ausschreiben möchte, die Stelle auch innerbetrieblich ausgeschrieben werden muss. Das bedeutet jedoch nicht, dass ein interner Bewerber grundsätzlich einem externen vorzuziehen ist. [10] Im Rahmen einer Betriebsvereinbarung kann jedoch vereinbart werden, dass bei gleicher Eignung der interne Bewerber dem externen Bewerber vorzuziehen ist. Von dieser Regelung ausgeschlossen sind leitende Angestellte; diese können auch sofort extern beschaffen werden. [11] Sofern sich auf eine offene Stelle mehrere Bewerber melden, entsteht innerhalb eines Unternehmens ein Wettbewerb, wodurch entweder der positive Effekt entsteht, dass die Mitarbeiter mehr Ehrgeiz entwickeln oder der negative Effekt, dass einige Mitarbeiter demotiviert werden. [12]

---

[7] Vgl. Jung, Hans (Personalwirtschaft, 2008), S. 137f.
[8] Vgl. Hohlbaum, Anke; Olesch, Gunther (Human Resources, 2006), S. 35
[9] Vgl. Jung, Hans (Personalwirtschaft, 2008), S. 140
  Vgl. Hohlbaum, Anke; Olesch, Gunther (Human Resources, 2006), S. 36
  Vgl. Bogen, Martina (Handbuch Personal, 2009), S. 68
[10] Vgl. Jung, Hans (Personalwirtschaft, 2008), S. 140
  Vgl. Straub, Dieter (Hrsg.) (Arbeitshandbuch, 2008), S. 194f.
  Vgl. Oechsler, Walter (Personal und Arbeit, 2006), S. 220
[11] Vgl. Olfert, Klaus (Allgemeine Personallehre, 2008), S. 108
[12] Vgl. Scholz, Christian (Hrsg.) (Personallexikon, 2009), S. 859

Die Stellenausschreibung sollte Informationen wie die Stellenbezeichnung, Arbeitszeit, Kurzbeschreibung der Tätigkeit, erforderliche Qualifikationen, Zugehörigkeit der Abteilung/Filiale/Gruppe, Verantwortungsbereich, Zeitpunkt der Besetzung, sowie die vorgesehene Vergütung enthalten. Durch eine Betriebsvereinbarung können noch weitere Punkte genannt werden, wie bspw. ob gleichzeitig zur internen Stellenausschreibung auch extern nach dem passenden Mitarbeiter gesucht wird. In größeren Unternehmen gibt es häufig ‚Inhouse-Stellenmärkte'; diese sind vor allem für Unternehmen mit mehreren Standorten nützlich, um die Mitarbeiter zu informieren und so das vorhandene Potenzial voll auszuschöpfen. [13]

Desweiteren sollte man bei einer konkret vorgesehen Versetzung darauf achten, dass der Mitarbeiter seinen Arbeitsplatz verlassen kann, ohne dass die vorherige Abteilung durcheinander gerät. Einige Unternehmen haben für Mitarbeiter, die weniger als ein Jahr in einer Position sind, eine Sperre für sog. ‚Job-Hopper' verhängt, um größere Unruhen zu vermeiden. [14] Eine Versetzung muss jedoch nicht immer vollzogen werden, weil der Arbeitnehmer dies so wünscht. Aufgrund von bspw. einer Disposition innerhalb des Unternehmens kann es vorkommen, dass ein Mitarbeiter versetzt werden muss. Diese Versetzung muss somit nicht unbedingt im Interesse des Arbeitnehmers sein. [15] Bei einer solchen Versetzung muss jedoch nach § 99 BetrVG der Betriebsrat zustimmen. Davon abzugrenzen ist allerdings eine im Arbeitsvertrag vereinbarte Versetzung. Natürlich muss auch hier geprüft werden, inwieweit diese Versetzung zulässig ist. [16] Diese Regelung muss auch schriftlich im Arbeitsvertrag festgehalten werden. Eine Weisung ist zulässig, wenn die neue Stelle entweder den fachlichen Kenntnissen des Mitarbeiters entspricht, die Arbeitsstelle des Mitarbeitern allgemein formuliert wurde, z.B. wenn er als ‚Bürohilfskraft' eingestellt wurde oder der Arbeitsort nicht genau definiert wurde und eine Versetzung des Mitarbeiters vereinbart war. Bei einer Weisung darf

[13] Vgl. Jung, Hans (Personalwirtschaft, 2008), S. 140-142
Vgl. Bogen, Martina (Handbuch Personal, 2009), S. 70
[14] Vgl. Jung, Hans (Personalwirtschaft, 2008), S. 140-142
[15] Vgl. Scholz, Christian (Hrsg.) (Personallexikon, 2009), S. 859
[16] Vgl. Scholz, Christian (Hrsg.) (Personallexikon, 2009), S. 1179

der Mitarbeiter jedoch nie ein geringeres Gehalt als vor der Weisung erhalten. Wenn eine Weisung nicht erfolgen kann, besteht die Möglichkeit einer Änderungskündigung. [17]

2.1.1.3   Aus- und Weiterbildung der Mitarbeiter

In Deutschland gibt es das duale Ausbildungssystem, d.h. Theorie und Praxis werden bei einer Ausbildung miteinander verknüpft. Die Theorie wird dem Auszubildende in der Berufsschule vermittelt, die praktische Ausbildung erfolgt durch den Betrieb. [18]

Allgemein kann man feststellen, dass sich im Laufe der Jahre die Wahl der Ausbildung in Bezug auf den Schulabschluss der Auszubildenden gewandelt hat. So gab es 1983 noch überwiegend Hauptschüler, die eine Ausbildung begonnen haben (40% Hauptschüler zu 8% Abiturienten). Die Anzahl der Abiturienten hat sich seitdem verdoppelt und die Anzahl der Hauptschüler sinkt stark. Aufgrund dieser Verschiebung ist das Durchschnittsalter der Auszubildenden gestiegen. Früher lag es bei 16 Jahren und heute sind 75% der Auszubildenden bereits volljährig [19]

Um den Bedarf an Auszubildenden planen zu können, müssen einige Sachverhalte wie demografischer Wandel, Fluktuation oder anzunehmender Wachstum berücksichtigt werden. Um auch klein- und mittelständigen Unternehmen das Ausbilden zu ermöglichen, stellt die Bundesregierung Fördermittel zur Verfügung. Dennoch muss beachtet werden, dass ein Auszubildender 40.000 bis 65.000 Euro für eine dreieinhalb jährige Ausbildung kostet. Dennoch erwirtschaftet der Auszubildende bereits in der Ausbildungszeit

---

[17] Vgl. Olfert, Klaus (Allgemeine Personallehre, 2008), S. 110f.
[18] Vgl. Bogen, Martina (Handbuch Personal, 2009), S. 398
[19] Vgl. Bogen, Martina (Handbuch Personal, 2009), S. 398

einen Ertrag, deswegen muss eine Investition in einen Auszubildenden als eine zukünftige angesehen werden. Ziel einer jeden Ausbildung ist es, eigenverantwortliches Lernen zu fördern und somit den Auszubildenden eine gute Perspektive auf dem Arbeitsmarkt zu schaffen. [20]

Weiterbildungen sollten ein konkretes Ziel haben. Es muss u.a. erkennbar sein, was durch diese Weiterbildung erreicht werden soll und wie der Mitarbeiter das Erlernte im Unternehmen umsetzen kann. Die Weiterbildungsmaßnahmen können intern oder extern durchgeführt werden. Bei einer internen Weiterbildungsmaßnahme kann man den Kreis der Mitarbeitern so definieren, dass er in sich stimmig, somit auf dem selben Level, ist. Man kann einen Trainer aus dem eigenen Unternehmen und einen Arbeitsraum innerhalb der Firma anbieten, wodurch Kosten eingespart werden können. Bei externen Weiterbildungsmaßnahmen kann man zwar mehrere Mitarbeiter an einem Seminar teilnehmen lassen. Wenn nur ein Mitarbeiter an einem Seminar teilnimmt, dann hat man keinen Einfluss auf das vorhandene Wissen der Gruppe. Vorteilhaft an einem externen Trainer ist jedoch, dass dieser auch neue Aspekte hervorbringen kann. Weiterhin muss man beachten, dass Wissen und Kenntnisse (fachliche Qualifikation), Methoden und Prozesse (überfachliche Qualifikation) sowie die Persönlichkeit und das Verhalten (außerfachliche Qualifikation) des Mitarbeiters mit den Weiterbildungsmaßnahmen übereinstimmen. Die Leistungen eines Unternehmens hängen von denen seiner Mitarbeiter ab, weswegen in die Weiterbildung genauso viel investiert werden sollte wie in Sachinvestitionen. [21]

[20] Vgl. Bogen, Martina (Handbuch Personal, 2009),, S. 398-401
[21] Vgl. Bogen, Martina (Handbuch Personal, 2009), S. 432f.
  Vgl. Jung, Hans (Personalwirtschaft, 2008), S. 142

2.1.1.4   Vorteile der internen Personalbeschaffung

Es gibt bei der internen Stellenbesetzung eine Reihe von Vorteilen. Generell kann man sagen, dass eine interne Personalbeschaffung meist einfacher, aufwands- sowie risikoloser ist. So bietet ein Unternehmen seinen Mitarbeitern Aufstiegschancen innerhalb der eigenen Reihen und sichert sich dadurch gleichzeitig die Bindung seiner Mitarbeiter zur Firma. Damit kann auch die Motivation der Mitarbeiter gefördert und das Betriebsklima verbessert werden. Das Unternehmen kennt den Bewerber bereits und weiß, ob er für die zu besetzende Stelle geeignet ist. Die Fähigkeiten, Fertigkeiten und Arbeits-einstellungen des Mitarbeiters sind bekannt. [22] Es können Zeit und Kosten gespart werden, wenn die fehlende Arbeitskraft der alten Stelle des Bewerbers von seinen Kollegen aufgefangen werden kann, da hier kein neuer Mitarbeiter eingestellt werden muss. Wenn diese Stelle offen bleibt, so bietet dies aber auch die Chance für Nachwuchskräfte. Auch müssen keine teuren Vorstellungs- oder Umzugsaufwendungen gezahlt werden. Außerdem weiß der Bewerber wie hoch die für die Position übliche Vergütung ist, wodurch meistens keine allzu großen Gehaltserhöhungen gefordert werden. Die Einarbeitungsphase kann massiv verkürzt werden, da der Mitarbeiter viele interne Arbeitsabläufe bereits kennt. Es kommt sowohl seitens des Unternehmens als auch der Mitarbeiters meist nicht zu Enttäuschungen, da sich beide Partner schon kennen. [23]

2.1.1.5   Nachteile der internen Personalbeschaffung

Wenn man den Weg der internen Personalbeschaffung wählt, so birgt dies natürlich auch einige Nachteile. Da man nur in den eigenen Reihen nach geeignetem Personal sucht, besteht die Gefahr, dass unter der Belegschaft

[22] Vgl. Scholz, Christian (Hrsg.) (Personallexikon, 2009), S. 859
[23] Vgl. Bogen, Martina (Handbuch Personal, 2009), S. 67
Vgl. Jung, Hans (Personalwirtschaft, 2008), S. 151f.
Vgl. Hohlbaum, Anke; Olesch, Gunther (Human Resources, 2006), S. 36
Vgl. Büdenbender, Ulrich; Strutz, Hans (Gabler Lexikon, 2005), S. 213

nicht der passende Mitarbeiter für die offene Stelle zur Verfügung steht. Wählt man dennoch einen internen Mitarbeiter, so ist es möglich, dass hiermit auch hohen Weiterbildungskosten verbunden sind.

Da der Mitarbeiter das Unternehmen bereits kennt, ist die Gefahr der ‚Betriebsblindheit' groß. [24] Unter ‚Betriebsblindheit' versteht man eine Arbeitsweise, die durch Routine entsteht. Ein Mitarbeiter, der ‚betriebsblind' ist, empfindet seine Arbeitsweise als gut, wodurch der Betroffene nicht den Bedarf einer Veränderung sieht. Doch dadurch kann es zu einer geringeren Effektivität kommen. [25] Es kann auch dazu kommen, dass ein Unternehmen über die schlechten Eigenschaften eines Mitarbeiters hinwegsieht und diesen trotzdem befördert, da er z.B. schon sehr lange im Unternehmen tätig ist und man ihm einen Erfolg bescheren möchte, obwohl der Mitarbeiter nicht für die Stelle geeignet ist. Gleichzeitig kann es auch sein, dass sich ein Mitarbeiter nicht weiter anstrengt, da er mit einer Beförderung rechnet. [26]

Eine interne Stellenausschreibung kann die Mitarbeiter motivieren, es kann sie aber aufgrund einer Ablehnung auch demotivieren und frustrieren. Außerdem kann es zu Konflikten zwischen den Mitarbeitern kommen, wenn sich jemand benachteiligt fühlt. [27] Eventuell hat ein Mitarbeiter auch Bedenken sich zu bewerben, da er nicht möchte, dass sein Vorgesetzter davon erfährt. [28]

Auch wenn man durch die interne Personalbeschaffung seinen qualitativen Personalbedarf deckt, so kann es dazu kommen, dass ein Unternehmen

---

[24] Vgl. Krzywinska, Elzbieta (E-Recruiting, 2006), S. 6
Vgl. Büdenbender, Ulrich; Strutz, Hans (Gabler Lexikon, 2005), S. 213
[25] Vgl. Greinwalder, Hubert (Betriebsblindheit, o.J.)
[26] Vgl. Hohlbaum, Anke; Olesch, Gunther (Human Resources, 2006), S. 36
[27] Vgl. Krzywinska, Elzbieta (E-Recruiting, 2006), S. 6
[28] Vgl. Hohlbaum, Anke; Olesch, Gunther (Human Resources, 2006), S. 36

trotzdem personelle Engpässe hat, da durch eine Versetzung eines Mitarbeiters wieder eine Lücke entsteht, die geschlossen werden muss. [29]

2.1.2   Externe Personalbeschaffung

2.1.2.1   Der Begriff der externen Personalbeschaffung

Man unterscheidet bei der externen Personalbeschaffung zwischen einer passiven und einer aktiven Personalbeschaffung. Zur passiven Personal-beschaffung gehören die Vermittlung über die Bundesagentur für Arbeit, Eigen- oder auch Initiativbewerbungen und eine vorhandene Bewerberkartei innerhalb des Unternehmens. Hierbei tätigt das Unternehmen nur wenige Aufwands-maßnahmen, um auf sich oder eine offene Stelle aufmerksam zu machen. Es wendet sich entweder an die Bundesagentur für Arbeit oder greift auf Stellengesuche zurück. Vor allem in Zeiten hoher Arbeitslosigkeit muss ein Unternehmen nicht zwingend aktiv auf dem Arbeitsmarkt präsent sein. [30]

Zur aktiven Personalbeschaffung gehören Stellenanzeigen, neue Kommunikationsmittel wie bspw. das Internet, sog. ‚College Recruiting' (hiermit ist eine Rekrutierung von Studenten und Schülern gemeint, die kurz vor ihrem Abschluss stehen), Personalberater, Anwerbung von Betriebsangehörigen, Personalberater, Headhunter, Plakate, Kinowerbung und Öffentlichkeitsarbeit. Eine aktive Personalbeschaffung ist nötig, wenn es zu personellen Engpässen kommt, wie z.B. durch Fachkräftemangel oder eine Neugründung. [31]

---

[29] Vgl. Krzywinska, Elzbieta (E-Recruiting, 2006), S. 6
[30] Vgl. Jung, Hans (Personalwirtschaft, 2008), S. 142-144
[31] Vgl. Jung, Hans (Personalwirtschaft, 2008), S. 143-145
    Vgl. Bühner, Rolf (Personalmanagement, 2005), S. 73

Wenn ein Unternehmen seinen Personalbedarf durch externe Personal-
beschaffung decken möchte, so sollte man vor allem bedenken, dass dieses
Unternehmen bei der Stellenausschreibung o.Ä. immer auch ein gewisses
Image ausstrahlt. Um einen guten Eindruck zu vermitteln, stehen hierfür eine
Reihe von Möglichkeiten zur Verfügung, z.B. ein ‚Tag der offenen Tür',
Betriebsbesichtigungen, Berufsmessen oder Veranstaltungen an Schulen und
Universitäten. Vor allem durch eine Präsenz an Schulen und Universitäten kann
ein Unternehmen den Bedarf an Nachwuchskräften decken. Eine
praxisbezogene Diplom- oder Bachelorarbeit kann dazu führen, dass sich
einige Studenten im Anschluss entscheiden bei diesem Unternehmen auch eine
Festanstellung anzunehmen. [32] Gerade hier wird die Wichtigkeit des Personalmarketings deutlich. Dieses kann sich an regionale Bewerber richten, die meist
nicht sehr mobil sind, wie z.B. Auszubildende oder Teilzeitkräfte, aber auch an
überregionale sowie auch internationale Bewerber, wie z.B. Hochschulabsolventen oder Führungskräfte. [33] Der Weg der externen Personalbeschaffung wird immer dann gewählt, wenn die interne Personalbeschaffung
misslungen oder nicht erfolgsversprechend ist. [34]

Nach Kossbiel ist die externe Personalbeschaffung in die zeitlich
aufeinanderfolgenden Phasen

- Anwerbung
- Auswahl
- Einstellung
- Eingliederung

zu unterteilen. [35]

---

[32] Vgl. Jung, Hans (Personalwirtschaft, 2008), S. 142f.
[33] Vgl. Büdenbender, Ulrich; Strutz, Hans (Gabler Lexikon, 2005), S. 213
[34] Vgl. Krzywinska, Elzbieta (E-Recruiting, 2006), S. 5f.
[35] Vgl. Scholz, Christian (Hrsg.) (Personallexikon, 2009), S.859f.

2.1.2.2   Stellenanzeigen in der Zeitung

Die Stellenanzeige in der Zeitung ist wohl das klassischste Instrument, um eine offene Stelle zu besetzen. Wenn man eine Stellenanzeige in einer Zeitung schaltet, muss man auf einige Dinge achten. Diese wären die Gestaltung der Anzeige, der Inhalt der Anzeige, der Zeitpunkt der Anzeigenschaltung und der Träger der Anzeige. [36]

Die Inhalte einer Stellenausschreibung sind meist folgendermaßen: Vorstellung des Unternehmens, die Stellenbeschreibung, genaue Information zum Tätigkeitsfeld, die Erwartungen des Unternehmens, was bietet das Unternehmen dem Bewerber, welche Unterlagen werden benötigt, bis wann wird die Bewerbung erwartet und wann ist der Beginn der Tätigkeit. [37]

Bei der Gestaltung der Anzeige ist es wichtig, dass man die Aufmerksamkeit der Bewerber im ersten Moment gewinnen kann. Die Anzeige soll sich abheben und möglichst die Unternehmensfarben und Unternehmenszeichen enthalten. Sie ist Teil des Personalmarketings und kann bei konstanter Gestaltung Teil der Corporate Identity werden. [38] In Bezug auf das Personalmarketing kann hierbei auch die AIDA-Formel (Attention, Interest, Desire, Action) angewandt werden. Die Stellenanzeige soll also die Aufmerksamkeit der Bewerber gewinnen, sein Interesse wecken, den Wunsch in ihm auslösen, sich auf diese Stelle zu bewerben und ihn schlussendlich auch dazu bringen, seine Bewerbung abzuschicken. Ein Unternehmen sollte bei seiner Stellenausschreibung jedoch keine Chiffre-Anzeigen wählen, weil dies oftmals unseriös wirkt. Wenn man sich als Unternehmen nicht preisgeben möchte, weil die Stelle noch besetzt ist oder

[36] Vgl. Hohlbaum, Anke; Olesch, Gunther (Human Resources, 2006), S. 37
[37] Vgl. Hohlbaum, Anke; Olesch, Gunther (Human Resources, 2006), S. 38
Vgl. Jung, Hans (Personalwirtschaft, 2008), S. 147
[38] Vgl. Jung, Hans (Personalwirtschaft, 2008), S. 147

die Konkurrenz nichts von dieser Stelle erfahren soll, so ist es ratsamer, den Dienst eines Personalberaters in Anspruch zu nehmen. [39]

Um den richtigen Zeitpunkt einer Stellenausschreibung zu finden, muss man sich am Beginn der Tätigkeit orientieren. Dem Bewerber muss ausreichend Zeit eingeräumt werden, um alle benötigten Unterlagen anzufertigen bzw. zu beschaffen. Außerdem müssen mögliche Kündigungsfristen beachtet werden. [40] Da der Bewerber meist noch darüber nachdenken möchte, ob er das Stellenangebot annimmt, müssen hier auch noch einige Wochen eingeplant werden. [41]

Je nachdem welche Stelle ein Unternehmen besetzen will, muss es unterschiedliche Anzeigenträger verwenden. Die regionale Tageszeitung bietet sich für Positionen ohne höhere Qualifikation an. Für die Beschaffung einer Fach- oder Führungskraft sollte man eine überregionale Zeitung wählen. Vor allem bei Arbeitskräften mit Spezialkenntnissen, z.B. im technischen Bereich kommt hier auch eine Anzeigenschaltung in einer Fachzeitschrift in Betracht. [42] Außerdem muss man bei Zeitschriften, die nur monatlich erscheinen einen zusätzlichen Zeitpuffer für die Bewerbungsfrist einplanen. Die Kosten für die Stellenanzeige richten sich nach der Größe der Zeitung und welche Zeitung man allgemein wählt. [43] In einer überregionalen Tageszeitung muss ein Unternehmen für eine halbe DIN-A4 Seite, z.B. mit Kosten von 3.000,00€ bis 4.500,00€ rechnen. [44]

Es ist unbedingt darauf zu achten, dass die Stellenanzeige geschlechtsneutral verfasst wird. Sie darf keinerlei Diskriminierung aufgrund der Rasse, der Herkunft, des Geschlechts, der Religion oder Weltanschauung, einer

---

[39] Vgl. Hohlbaum, Anke; Olesch, Gunther (Human Resources, 2006), S. 37f.
[40] Vgl. Hohlbaum, Anke; Olesch, Gunther (Human Resources, 2006), S. 38f.
[41] Vgl. Jung, Hans (Personalwirtschaft, 2008), S. 146
[42] Vgl. Jung, Hans (Personalwirtschaft, 2008), S. 146
[43] Vgl. Hohlbaum, Anke; Olesch, Gunther (Human Resources, 2006), S. 39
[44] Vgl. Straub, Dieter (Hrsg.) (Arbeitshandbuch, 2008), S. 171

Behinderung, des Alters oder der Sexualität beinhalten. Ansonsten verstößt man gegen § 11 AGG. Bei einer Nichtbeachtung dieses Paragraphen droht ein Entschädigungsanspruch nach § 15 Abs. 2 AGG. Als Entschädigungszahlung sieht das AGG einen Höchstbetrag von 3 Monatsgehältern vor. Diese Grenze entfällt jedoch wieder, wenn der Bewerber ohne die diskriminierende Stellenausschreibung auf jeden Fall eingestellt worden wäre. [45]

Abb. 2: Beispiel für eine Stellenanzeige

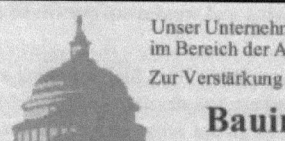

Unser Unternehmen gehört europaweit zu den führenden Spezialisten im Bereich der Altbausanierung und der Erhaltung von Baudenkmälern

Zur Verstärkung unseres hochqualifizierten Teams suchen wir eine /n

Bauingenieur/-in (TH/ FH)

Sie interessieren sich für die stilgerechte Restauration historischer Baudenkmäler. Nach einer intensiven Schulung und Einarbeitung werden Sie die technische Leitung von Sanierungsprojekten im In- und Ausland übernehmen.

Wir erwarten von den Interessenten neben einem guten Hochschulabschluss ein sicheres Auftreten, Mobilität und Teamfähigkeit. Eine sichere Beherrschung der englischen Sprache ist unabdingbar, Französischkenntnisse sind wünschenswert.

Neben einer leistungsgerechten Dotierung und umfangreichen Sozialleistungen bieten wir Ihnen einen sicheren Arbeitsplatz mit außergewöhnlichen Entwicklungsmöglichkeiten in einer angenehmen Arbeitsatmosphäre.

Ihre Bewerbung mit allen aussagekräftigen Unterlagen richten Sie bitte unter der Kennziffer 08/15 an die von uns beauftragte Personalberatungsgesellschaft.

XY- Personalberatung GmbH, Mustergasse 4711, 12345 Musterstadt

Quelle: Vgl. Jung, Hans (Personalwirtschaft, 2008), S. 148

2.1.2.3   Vermittlung durch die Bundesagentur für Arbeit

Die Zentrale der Bundesagentur für Arbeit ist in Nürnberg. Für die örtliche Betreuung befinden sich in Deutschland ca. 180 Agenturen und ca. 660 Jobcenter, deren Hauptaufgabe die Vermittlung von Arbeit ist. Sie sind damit Anlaufstelle für Menschen, die arbeitssuchend sind und für Unternehmen, die

---

[45] Vgl. Straub, Dieter (Hrsg.) (Arbeitshandbuch, 2008), S. 172

einen Arbeitsbedarf haben. Für die Vermittlung von arbeitsuchenden Menschen mit Fach- oder Hochschulreife sind die Fachvermittlungsstellen zuständig. [46] Die Aufgaben der Bundesagentur für Arbeit sind im dritten Sozialgesetzbuch (SGB III) festgelegt und beinhalten neben der Vermittlung von Arbeit, die Förderung der beruflichen Aus- und Weiterbildung, Arbeitgeberberatung, Berufsberatung, sowie die Koordination von Kinder- und Arbeitslosengeld. Um Arbeit vermitteln zu können, betreiben die Agenturen und Jobcenter ein Internetportal, in dem sie offene Stellen ausschreiben. [47]

2.1.2.4   Personalberater

Personalberater werden meistens von Unternehmen in Anspruch genommen, um Stellen in der höheren Betriebshierarchie zu besetzen. Man bezeichnet diese Form der Personalbeschaffung als ‚Executive Search', ‚Direct Search' oder auch ‚Headhunting'. Aber auch der Arbeitnehmer kann den Dienst eines Personalberaters in Anspruch nehmen. Dies wird meistens als ‚Coaching' bezeichnet. Der Personalberater erstellt eine Analyse für einen möglichen Bewerber, um herauszufinden, welche Fach- und Sozialkompetenzen dieser besitzen muss. [48] Hierbei geht der Personalberater auch auf das Arbeitsumfeld und die Abstimmung innerhalb des Unternehmens ein. Desweiteren gibt er Ratschläge bzgl. des Einkommens und wickelt die ersten Bewerbungsschritte mit dem Arbeitnehmer ab. Er nimmt zuerst Kontakt mit dem Bewerber auf, z.B. telefonisch oder auf Messen. Dann wickelt er den Bewerbungsprozess mit ihm ab. Er lädt zu einem Gespräch ein, stellt sich als Personalberater, sowie das suchende Unternehmen vor, beschreibt, um welche Tätigkeit es sich handelt und möchte hierbei natürlich auch heraus finden, ob der Bewerber für die Stelle geeignet ist, indem er ihn näher kennen lernt. Dabei erfährt er den Werdegang des Bewerbers, versucht seine Stärken und Schwächen herauszufinden und wie belastbar er ist. Nach diesem Gespräch hat der Personalberater noch

---

[46] Vgl. Jung, Hans (Personalwirtschaft, 2008), S. 144
[47] Vgl. Scholz, Christian (Hrsg.) (Personallexikon, 2009), S. 175
[48] Vgl. Hohlbaum, Anke; Olesch, Gunther (Human Resources, 2006), S. 39

einige Nacharbeiten zu tätigen. Er muss das Bewerbungsgespräch analysieren, eine Vorauswahl aus den Bewerbern treffen, die Unternehmen bei ihrer Entscheidung beraten und schließlich das Unternehmen bei der Gestaltung des Arbeitsvertrages unterstützen. [49] Meistens arbeitet er nur innerhalb einer oder weniger Branchen, da er den Markt sehr gut kennt und über hinreichende Kontakte verfügt. [50]

Je nachdem wie ein Personalberater arbeitet, bekommt er ein entsprechendes Honorar. Er kann entweder nach dem Zeitaufwand bezahlt werden, d.h. er wird nach einem Tages- oder Stundenlohn bezahlt. Ein Headhunter kann auch nach einem festen Honorar bezahlt werden. Hierbei wird als Bemessungsgrundlage das Bruttogehalt des zu vermittelnden Arbeitnehmers genommen. Dann gibt es noch das erfolgsbezogene Honorar. Somit wird ein Honorar nur dann fällig, wenn die zu besetzende Stelle auch wirklich vermitteln wurde. Manchmal wird das Honorar auch erst dann fällig, wenn die Probezeit erfolgreich absolviert wurde. [51]

Ein Personalberater hat den Vorteil, dass er seriös und diskret arbeitet. Er hat genug Berufserfahrung und kennt seine Branche, sodass er einem Unternehmen eine große Hilfe sein kann. Eine Fehlbesetzung kann vor allem in den hohen Betriebshierarchien großen Schaden anrichten. Durch den Einsatz eines Personalberaters kann dieses Risiko minimiert werden. Viele Unternehmen wissen, wie aufwendig die Suche nach gutem Personal ist, weshalb eine Inanspruchnahme eines Personalberaters gerade für Fach- und Führungskräfte sinnvoll ist. Viele Personalberater arbeiten im Team und erstellen selbst Marktstudien. Dieses Wissen ist für die Findung eines Spezialisten essenziell. [52]

[49] Vgl. Hohlbaum, Anke; Olesch, Gunther (Human Resources, 2006), S. 40
Vgl. Jung, Hans (Personalwirtschaft, 2008), S. 150
[50] Vgl. Hohlbaum, Anke; Olesch, Gunther (Human Resources, 2006), S. 39
[51] Vgl. Hohlbaum, Anke; Olesch, Gunther (Human Resources, 2006), S. 40
[52] Vgl. Hohlbaum, Anke; Olesch, Gunther (Human Resources, 2006), S. 41
Vgl. Jung, Hans (Personalwirtschaft, 2008), S. 150

Jedoch gibt es beim Personalberater auch einige negative Aspekte. Zum einen entstehen durch sie hohe Kosten. Ein Honorar von einem Drittel des Jahreseinkommens der zu besetzenden Stelle ist üblich. Es gibt hierbei keine Erfolgsgarantien und die Suche kann bis zu einem Jahr dauern. Der Personalberater ist auch nicht so weit in den Betrieb eingegliedert, dass er die komplette Struktur, z.B. soziale Beziehungen oder Betriebsklima kennt. Auch dass manche Unternehmen ihre eigenen Mitarbeiter durch Personalberater prüfen oder eben auch generell Personal abgeworben wird, hinterlässt einen negativen Beigeschmack. [53]

2.1.2.5   Personalleasing

Seit dem 01.01.2004 kann ein Unternehmen seinen Personalbedarf unbegrenzt durch Personalleasing decken. [54] Mit dem Personalleasing (oder auch Leih-arbeit) überbrücken Unternehmen kurzfristig personelle Engpässe. Das Personalleasing kann auch dazu genutzt werden, um kurzzeitig anfallende Arbeit (z.B. in der Erdbeersaison) bewältigen zu können. Die Personalleasing-Firma schließt mit dem Arbeitnehmer einen Arbeitsvertrag und mit dem entleihenden Unternehmen wiederrum einen Arbeitnehmerüberlassungsvertrag. Für den Leiharbeiter hat das entleihende Unternehmen lediglich die vereinbarte Leasinggebühr zu zahlen. Um alle andere, wie bspw. Lohnfortzahlungen im Krankheitsfall oder Sonderzahlungen, muss sich das entleihende Unternehmen nicht kümmern. Wenn der personelle Engpass überwundern wurde, kann das entleihende Unternehmen den Leiharbeitet wieder an die Leasingfirma abtreten. Um die Wirtschaftlichkeit eines Leiharbeiters heraus zu finden, muss das entleihende Unternehmen die Leasinggebühr den Kosten einer eigener Personalbeschaffung gegenüber stellen. Die Leasinggebühr ist zwar höher als das Gehalt für einen eigenen Mitarbeiter, jedoch besteht für das entleihende Unternehmen kein Risiko der Fehlbesetzung und um Kündigungsfristen, Entgeltbearbeitung, etc. muss sich das entleihende Unternehmen nicht

---

[53] Vgl. Hohlbaum, Anke; Olesch, Gunther (Human Resources, 2006), S. 41
[54] Vgl. Jung, Hans (Personalwirtschaft, 2008), S. 144

kümmern. Seinen Lohn erhält der Arbeitnehmer von der Personalleasing-Firma. Diese zahlt auch für den Arbeitnehmer die Sozialversicherungsbeiträge. Das entleihende Unternehmen gibt dem Arbeitnehmer Anweisungen am Arbeitsplatz, hat jedoch kein Direktionsrecht; dieses hat die Personalleasing-Firma. [55]

Die Überlassung eines Leiharbeiters unterliegt gesetzlichen Bestimmungen. Die Bundesagentur für Arbeit muss der Verleihung des Arbeitnehmers zustimmen. Zwischen der Personalleasing-Firma und dem Leiharbeiter muss ein Arbeits-vertrag geschlossen werden, der genau regelt, um welche Arbeit es sich handelt, welche Behörde der Verleihung stattgegeben hat, die Höhe des Gehalts des Arbeitnehmers, usw. [56]

Entscheidet sich ein Unternehmen für das Personalleasing, so hat es keinen Einfluss auf die Auswahl der Mitarbeiter. Das entleihende Unternehmen hat jedoch das Recht, den Arbeitnehmer innerhalb der ersten vier Stunden nach Arbeitsbeginn abzulehnen. [57]

---

[55] Vgl. Hohlbaum, Anke; Olesch, Gunther (Human Resources, 2006), S. 41f.
[56] Vgl. Bogen, Martina (Handbuch Personal, 2009), S. 123f.
[57] Vgl. Hohlbaum, Anke; Olesch, Gunther (Human Resources, 2006), S. 41f.

Abb. 3: Verhältnis zwischen Personalleasing-Firma, entleihendes Unternehmen und Leiharbeiter

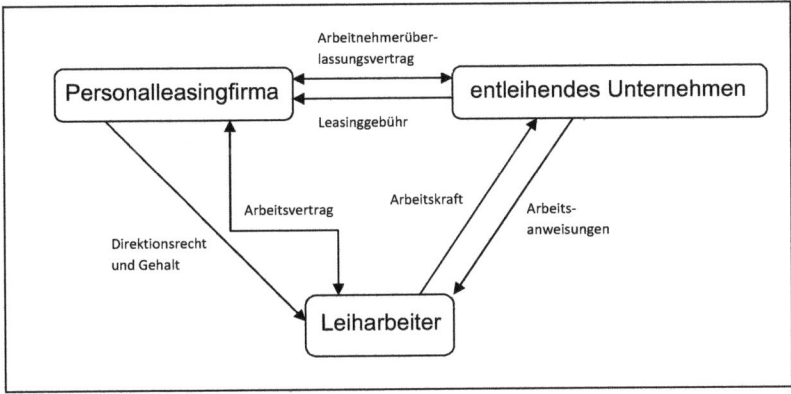

Quelle: Vgl. Hohlbaum, Anke; Olesch, Gunther (Human Resources, 2006) S. 41-43, modifiziert

Obwohl Personalleasing-Firmen bei der Arbeitnehmervertretung keinen guten Ruf genießen, gibt es in Deutschland laut der Bundesagentur für Arbeit ca. 910.000 Leiharbeiter (Stand Juni 2011). [58] Kritiker der Leiharbeit nennen diese häufig ‚Arbeitnehmer zweiter Klasse', da ein ausgebildeter Leiharbeiter laut der Gewerkschaft IG Metall 33% weniger verdient als ein Festangestellter; ein unausgebildeter Leiharbeiter verdient sogar 40% weniger. [59]

2.1.2.6   Vorteile der externen Personalbeschaffung

Die externe Personalbeschaffung hat den Vorteil, dass es eine breitere Auswahl an Bewerbern gibt. Externes Personal bedeutet auch immer, dass neue Ideen und spezielle Kenntnisse in ein Unternehmen eingebracht werden und man somit einer ‚Betriebsblindheit' vorbeugen kann. Ein Mitarbeiter bringt neues

---

[58] Vgl. o.V. (Unsichere Beschäftigung, 2012)
[59] Vgl. IG Metall (Hrsg.) (Leiharbeit, 2011)

Wissen in ein Unternehmen und manchmal sogar Informationen über die Mitbewerber. [60]

Oftmals wird ein externer Mitarbeiter von seinen Kollegen leichter akzeptiert als ein interner Mitarbeiter. Durch die Einstellung des externen Mitarbeiters wird der Personalbedarf direkt gedeckt und es entsteht keine erneute Lücke. [61] Durch die Wahl des externen Bewerbers hat das Unternehmen oft auch keine größeren Fortbildungskosten, da es gezielt nach dem Bewerber suchen kann, welchem dem Anforderungsprofil entspricht. Die Ausbildungskosten des Bewerbers hat ein anderes Unternehmen oder Institution getragen. [62] Bei Mitarbeitern, die als arbeitssuchend gemeldet sind, erhält das Unternehmen auch eine finanzielle Unterstützung der Regierung. [63]

2.1.2.7   Nachteile der externen Personalbeschaffung

Durch die externe Personalbeschaffung hat ein Unternehmen größere Beschaffungskosten, da es Stellenausschreibungen schalten und Bewerbungsgespräche führen muss. Ein externer Mitarbeiter muss eingearbeitet werden, wodurch ein zusätzlicher Kosten- und Zeitfaktor entsteht. Meist hat ein externer Mitarbeiter auch höhere Gehaltsvorstellungen als ein interner Mitarbeiter, sodass es zu höheren Gehaltszahlungen kommen kann. Da das Unternehmen den Mitarbeiter noch nicht kennt, ist die Gefahr einer Fehlbesetzung höher als bei einem internen Mitarbeiter. [64]

---

[60] Vgl. Krzywinska, Elzbieta (E-Recruiting, 2006), S. 6
[61] Vgl. Jung, Hans (Personalwirtschaft, 2008), S. 152
   Vgl. Hohlbaum, Anke; Olesch, Gunther (Human Resources, 2006), S. 37
[62] Vgl. Oechsler, Walter (Personal und Arbeit, 2006), S. 219f.
[63] Vgl. Krzywinska, Elzbieta (E-Recruiting, 2006), S. 6
[64] Vgl. Krzywinska, Elzbieta (E-Recruiting, 2006), S. 6

Eine hohe externe Einstellungsquote kann bei den Mitarbeitern Frustration fördern, da sich einige von ihnen benachteiligt fühlen könnten. Die Eingliederung des neuen Mitarbeiters kann sich u.a. aufgrund dessen erschweren. Dies kann sogar so weit führen, dass es eine allgemein höhere Fluktuationsrate gibt, da Mitarbeiter das Unternehmen verlassen, da sie das Gefühl haben, innerhalb des Unternehmens keine Aufstiegsmöglichkeiten zu haben. Dies wiederrum wirkt sich negativ auf das Betriebsklima aus. [65]

2.2 Methoden des E-Recruitings

2.2.1 Definition

Unter Electronic-Recruiting versteht man die Stellenausschreibung im Internet durch Internet-Jobbörsen oder über die Homepage des Unternehmens. [66] Es wird auch als Online-Recruiting, E-Cruiting oder E-Recruitment bezeichnet. E-Recruiting ist somit eine neue Form der Personalbeschaffung, die das Medium Internet nutzt, um vor allem die jüngere Generation von Bewerbern anzusprechen. [67] Viele Unternehmen bieten ihren Bewerbern einen Online-Bewerberfragebogen an, damit sie sich direkt online bewerben können. [68]

[65] Vgl. Jung, Hans (Personalwirtschaft, 2008), S. 152
   Vgl. Hohlbaum, Anke; Olesch, Gunther (Human Resources, 2006), S. 36
[66] Vgl. Jung, Hans (Personalwirtschaft, 2008), S. 148
[67] Vgl. Reisinger, Thomas (E-Recruiting, 2010), S. 24
[68] Vgl. Büdenbender, Ulrich; Strutz, Hans (Gabler Lexikon, 2005), S. 102

2.2.2   Instrumente des E-Recruitings

2.2.2.1   Online-Jobbörsen

Als Online-Jobbörsen bezeichnet man Stellenmärkte im Internet bei denen Arbeitgeber offene Stellen anbieten. Interessenten können sich hier über das Stellenangebot informieren und oft auch direkt über die Online-Jobbörse bewerben. [69]

Online-Stellenbörsen können in staatliche/nicht kommerzielle und kommerzielle Jobbörsen unterteilt werden. Zu den nicht kommerziellen Jobbörsen gehören die Jobbörse der Bundesagenturen für Arbeit und deren Jobcenter. Auch Online-Stellenmärkte von Universitäten, Hochschulen und öffentlichen Einrichtungen können zu den nicht kommerziellen Jobbörsen gezählt werden. Die Ausschreibung eines Stellenangebots bei einer nicht kommerziellen Jobbörse ist für die Unternehmen kostenlos. Auch interessierte Bewerber können die Jobbörse kostenlos nutzen. [70] Ein Bespiel für eine Jobbörse einer Universität wäre die der Universität Mannheim. [71] Diese Jobbörsen werden zwar nicht so häufig genutzt wie kommerzielle Jobbörsen, doch trotzdem können diese für Unternehmen interessant sein, da sie gerade bei Jobbörsen von Hochschulen oder Fachschulen einen speziellen Mitarbeiter finden können.[72]

Bei kommerziellen Jobbörsen können Unternehmen kostenpflichtig Stellen ausschreiben. Die Nutzung für Bewerber ist hier auch wieder kostenlos. Eine Stellenausschreibung im Internet ist aber dennoch günstiger als das Aufgeben einer Annonce in der Zeitung. [73] Unternehmen müssen hierbei mit Kosten

---

[69] Vgl. Krzywinska, Elzbieta (E-Recruiting, 2006), S. 23
[70] Vgl. Krzywinska, Elzbieta (E-Recruiting, 2006), S. 26-28
[71] Vgl. Universität Mannheim (Hrsg.) (Jobbörse, o.J.)
[72] Vgl. Reisinger, Thomas (E-Recruiting, 2010), S. 43
[73] Vgl. Jung, Hans (Personalwirtschaft, 2008), S. 148f.

zwischen 400,00€ bis 1.000,00€ pro Ausschreibung rechnen, je nachdem, wie lange und in welcher Form die Stellenausschreibung geschaltet werden soll und welche Online-Jobbörse gewählt wird. Eine Stellenausschreibung wird i.d.R. 30 Tage lang geschaltet. [74] Wählt man als Beispiel die Online-Jobbörse stepstone.de, so kostet eine Standardanzeige mit 30 Tagen Laufzeit 725,00€, wenn das Lay-Out jedoch dem Corporate Design entsprechen soll, kostet dies 995,00€ für eine 30-Tage-Schaltung. [75]

Eine Bewerbung kann entweder durch ein Online-Formular, eine E-Mail oder durch Bekanntgabe der Kontaktdaten schriftlich erfolgen. Die Ansprüche der Stellenausschreibung in einer Online-Jobbörse sollten die Gleichen wie bei einer Stellenausschreibung in den Printmedien sein. [76] Bei diesen Jobbörsen ist es wichtig, dass der Suchende seine Auswahl der Treffer durch Filter wie bspw. Region oder Branche einschränken kann, um ein gutes Ergebnis an Treffern zu erzielen.

Es gibt eine Vielzahl verschiedener kommerzieller Jobbörsen, wobei oftmals auch zwischen einzelnen Berufsgruppen oder Jobbörsen ausschließlich für Akademiker unterschieden wird. Man kann sie unterteilen in eine Differen-zierung nach Branche oder Berufsspezifikation, Region, Karriereportale, Medien-Transformation, Unilaterale Jobbörsen, etc.

Branchen- oder berufsspezifische Jobbörsen bieten einen Marktplatz, z.B. für Ingenieure. Regionale Jobbörsen vermitteln Arbeitsplätze bspw. im Raum Rhein-Main. Karriereportale sind Webseiten, die Dienstleistungen in Form vom Bewerbungstipps oder Suchfunktionen für Stellenanzeigen anbieten. Über Medien-Transformatoren können Unternehmen ihre in der Zeitung inserierte Stellenausschreibung auch im Internet veröffentlichen. Bei der Unilateralen

---

[74] Vgl. Ritter, Andre (E-Recruiting und Personalbeschaffung), S. 62f.
[75] Vgl. StepStone Deutschland GmbH (Hrsg.) (Online-Jobbörsenpreise, o.J.)
[76] Vgl. Jung, Hans (Personalwirtschaft, 2008), S. 148f.

Jobbörse tritt entweder nur der Bewerber oder das Unternehmen auf. [77] Die Online-Jobbörse absolventa.de ist ein Beispiel für eine Online-Jobbörse, die sich auf Hochschulabsolventen spezialisiert hat. [78] Bei vielen Jobbörsen werden hauptsächlich Stellenausschreibungen inseriert, doch auch der Bewerber kann sich ein Profil anlegen, um so von den Unternehmen entdeckt zu werden. [79]

Abb. 4: Marktübersicht der 20 größten Online-Jobbörsen (Stand 06/11)

	Name der Jobbörse	Zielgruppe	Anzahl der Stellenanzeigen (April 2011)	Reichweite Alexa-Ranking (April 2011)	Anzahl der Stellenanzeigen (April 2010)
Nr.	Allgemeine Jobbörsen				
1	Meinestadt.de	Allgemein	428.813	1.571	265.222
2	Arbeitsagentur	Allgemein	373.192	2.255	202.697
3	Jobmonitor	Allgemein	364.001	59.139	124.355
4	Rekruter.de	Allgemein	279.606	87.295	152.423
5	Arbeit-Regional	Allgemein	267.749	943.057	288.324
6	Jobinfo24	Allgemein	263.066	643.503	102.681
7	Gigajob	Allgemein	195.450	14.072	166.995
8	Jobomat.de	Allgemein	94.500	88.972	65.405
9	Monster Deutschland	Allgemein	68.300	4.915	49.800
10	StepStone	Allgemein	55.282	3.379	36.650
11	Stellenmarkt.de	Allgemein	31.989	67.498	29.001
12	Jobsintown	Allgemein	29.200	120.260	25.837
13	Jobkurier	Allgemein	29.059	1.126.090	17.051
14	experteer	Fach- und Führungskräfte	24.330	19.528	21.710
15	Top-Jobs-Europe	Allgemein	21.973	140.643	42.714
16	Jobscout24	Allgemein	16.921	18.752	18.620
17	Careerbuilder Deutschland	Allgemein	16.573	75.227	8.418
18	Jobstairs.de	Allgemein	15.733	93.847	14.279
19	Kalaydo	Allgemein	11.228	7.752	15.252
20	Stellenanzeigen.de	Allgemein	7.690	28.704	6.780

Quelle: Vgl. Kenk, Gerhard (Jobbörsen-Vergleich, 2011) in:
http://www.hotelcareer.de/download/1/Jobboersenvergleich.pdf

Wenn man die Anzahl der Stellenanzeigen vom April 2010 mit denen vom April 2011 vergleicht, so kann man sehen, dass gerade in den höheren Rängen ein

---

[77] Vgl. Krzywinska, Elzbieta (E-Recruiting, 2006), S. 29
 Vgl. Schiller Garcia, Jürgen (Personalmarketing und Internet, 2006), S. 48f.
[78] Vgl. Absolventa GmbH (Hrsg.) (Akademiker-Jobbörse, o.J.)
[79] Vgl. Krzywinska, Elzbieta (E-Recruiting, 2006), S. 29-31

deutlicher Anstieg zu bemerken ist. Diese Jobbörsen haben ihre Stellenanzeigen z.T. verdoppelt.

Unter dem Alexa-Rank versteht man eine Methode, um die Besucherzahlen
einer Webseite zu erfassen. [80] Je tiefer dieser Wert ist, desto öfter wird die
Webseite besucht. Jedoch gibt es hierzu auch einige kritische Meinungen, die
besagen, dass der Alexa-Rank keine zuverlässige Messgröße sei, da z.B. nur
Internetnutzer gezählt werden, die den Internetexplorer benutzen und die Alexa
Toolbar installiert haben. [81]

2.2.2.2   Homepage der Unternehmen

Ein weiteres Instrument des E-Recruitings ist die Homepage des Unternehmens. Die eigene Homepage muss gepflegt werden, denn sie ist Teil des
Personalmarketings. Sie muss leicht zu bedienen und auf die Zielgruppe
zugeschnitten sein. Auch hier ist es wieder wichtig, das Corporate Design zu
verwenden. Im besten Fall wird eine Internetadresse gewählt, die den Namen
des Unternehmens wiederspiegelt. Die Homepage sollte den Bewerbern
Informationen über das Unternehmen, die Stellenausschreibung und personal-
bezogene Informationen geben. Die Stellenausschreibung auf der Homepage
des Unternehmens sollte äquivalent zu einer Stellenausschreibung in einer
Zeitung oder Online-Jobbörse sein. [82] Die Homepage muss auf den jeweiligen
Nutzer zugeschnitten sein. Wenn ein Unternehmen z.B. Schüler ansprechen
möchte, um sie für eine Ausbildung zu begeistern, so darf diese
Stellenausschreibung auch in der ‚Du-Form' geschrieben sein. Bei der
Stellenausschreibung ist es wichtig, dass es dort entweder direkt einen Link
zum Bewerbungsformular gibt oder zumindest die Kontaktdaten klar erkennbar

---

[80] Vgl. Theis, Ulf (Alexa-Ranking, o.J.)
[81] Vgl. Webgreenhorn (Hrsg.) (Alexa-Ranking, o.J.)
[82] Vgl. Schiller Garcia, Jürgen (Personalmarketing und Internet, 2006), S. 55-58

sind. Ansonsten kommt eine Bewerbung eventuell gar nicht erst zustande. [83]
Von der Startseite bis zur eigentlichen Human-Resources-Homepage sollten es
nur ein paar Klicks sein. Ebenso wichtig ist eine einfache Handhabung, sowie
gebotene Flächen, um dem Bewerber Platz für Freitexte bieten zu können. [84]
Auch sollte ein Unternehmen eine Suchfunktion haben, damit ein Bewerber mit
Hilfe eines Wortes bereits auf die für ihn interessante Stellenausschreibung
zugreifen kann. [85]

Unternehmen wollen durch eine Homepage auf sich aufmerksam machen und
sich als attraktiver Arbeitgeber zeigen, sog. Employer Branding. Meist macht
ein Unternehmen offene Stellen durch die Schlagwörter ‚Karriere' oder ‚Jobs'
erkennbar. Durch die Nutzung dieses Links werden viele Bewerber auf eine
eigene Human-Resources-Homepage geleitet. [86]

Zusatzfunktionen wie Podcasts, Videos oder Mashups können eine Homepage
attraktiver und anschaulicher machen, wodurch gerade die Generation der
heutigen Young Professionals angesprochen werden kann. Auch die
Bekanntgabe von Messetermine oder Events verleiht der Homepage mehr
Vielseitigkeit.[87]

In manchen Fällen wird die eigene Homepage auch dazu genutzt, um Bewerber
auf eine Online-Jobbörse weiterzuleiten. Ob ein Stellenmarkt auf der eigenen
Homepage angeboten oder ein weiterführender Link eingesetzt wird, hängt
häufig damit zusammen, wie groß ein Unternehmen ist und ob es eigene
Spezialisten hat, die mit der Verwaltung des Stellenmarktes auf der Unter-
nehmenshomepage vertraut sind. Denn eine eigene Homepage muss gepflegt
werden und immer aktuell sein. Wenn eine Stellenausschreibung immer noch

---

[83] Vgl. Reisinger, Thomas (E-Recruiting, 2010), S. 63f.
[84] Vgl. Bogen, Martina (Handbuch Personal, 2009), S. 74
[85] Vgl. Krzywinska, Elzbieta (E-Recruiting, 2006), S.39
   Vgl. Hesse, Gero (Unternehmenswebsite, 2011), S. 89
[86] Vgl. Krzywinska, Elzbieta (E-Recruiting, 2006), S. 35f.
[87] Vgl. Hesse, Gero (Unternehmenswebsite,2011), S. 88

als offen auf der Homepage zu finden ist, obwohl diese bereits besetzt ist oder Messetermine, die bereits verstrichen sind, immer noch veröffentlicht sind, wirft das ein schlechtes Bild auf das Unternehmen. [88] Insgesamt kann man sagen, dass die Homepage eines Unternehmens durch ausreichende Informationen, Optik und Gestaltung interessant auf einen Bewerber wirken soll. Um dies optimal umsetzen zu können, ist oft die Inanspruchnahme von externen Homepagegestaltern Voraussetzung. [89]

2.2.2.3   Bewerbung per Online-Formular und per E-Mail

Eine Bewerbung per Online-Formular oder per E-Mail ist bei vielen Unternehmen üblich. Vor allem große Unternehmen begrüßen diese Form der Bewerbung, denn die Daten lassen sich besser archivieren und einfacherer beurteilen. Bei der Bewerbung per Online-Formular muss, genauso wie bei einer Bewerbung per Post, ein Anschreiben, der Lebenslauf und Zeugnisse enthalten sein, welche eingescannt sein müssen. Diese Unterlagen sollten in PDF-Format verschickt werden, da somit nichts mehr verändert werden kann. Hierbei spart sich der Bewerber die Kosten für die Bewerbungsmappe, den Briefumschlag und das Porto. [90] 72% der Fach- und Führungskräfte bevorzugen die Bewerbung per E-Mail. Dies zeigte eine Umfrage von stepstone.de. Die Bewerbung per Online-Formular lag im Jahr 2006 noch bei 15%, 2011 ist sie auf 10% gesunken. Anhand der Abbildung kann man sehen, dass die Bewerbung per Post immer weniger genutzt wird. [91]

[88] Vgl. Reisinger, Thomas (E-Recruiting, 2010), S. 62-65
[89] Vgl. Krzywinska, Elzbieta (E-Recruiting, 2006), S. 41
[90] Vgl. Stricker, Katja (Online-Bewerbung, 2010)
[91] Vgl. StepStone Deutschland GmbH (Hrsg.) (Bewerbung per E-Mail, 2011)

Abb. 5: Bevorzugte Bewerbungsmethode

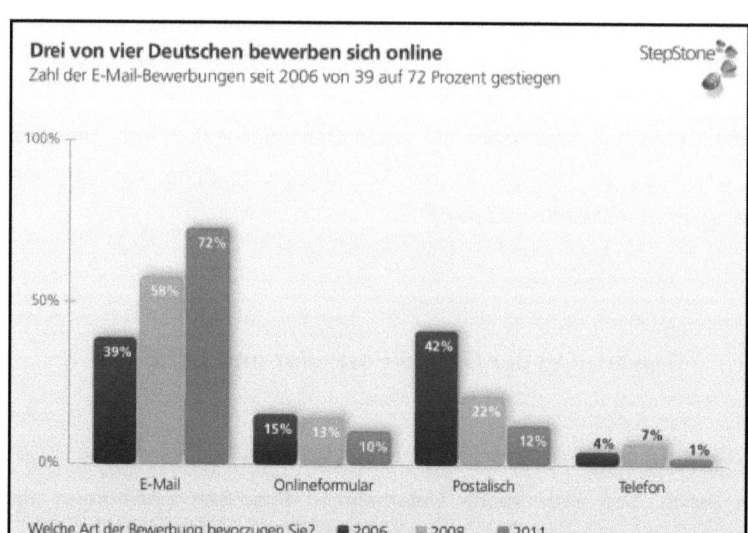

Quelle: Vgl. StepStone Deutschland GmbH (Hrsg.) (Bewerbung per E-Mail, 2011) in:
http://www.stepstone.de/Ueber-StepStone/presse/bewerbungen-per-e-mail-sind-
standard.cfm

Beim Ausfüllen des Online-Formulars ist es wichtig, dass der Bewerber alle
Fragen bzw. Felder ausfüllt, da es oft vorkommt, dass Bewerber mit Lücken in
ihrem Online-Formular schon vorab aussortiert werden. Bei Freifeldern bei
denen das Unternehmen z.B. fragt, warum der Bewerber denkt, dass er der
richtige Mitarbeiter für diese Stelle sei, sollte der Bewerber genau wie bei einem
Anschreiben seine Stärken, Qualifikationen und Weiterbildungen verdeutlichen.
Wichtig ist hierbei auch, nicht in Stichworten zu schreiben auch wenn ein
kleines Schreibfeld dazu verleiten kann. Wenn der Bewerber das Online-
Formular fertig gestellt hat, sollte er sich alles noch einmal durchlesen und
ausdrucken, um sich auf ein möglicherweise bevorstehendes Vorstellungs-

bespräch vorbereiten zu können. Nachdem die Bewerbung versandt wurde, erhält der Bewerber i.d.R. eine Eingangsbestätigung. [92]

2.2.2.4   Online-Assessment-Center

Unter Online-Assessment versteht man ein computergestütztes Auswahlverfahren, um die Eignung eines Bewerbers zu prüfen. Für das Unternehmen haben Online-AC den Vorteil, dass sie eine günstige Möglichkeit zur Filterung der Bewerber sind. [93] Beim Online-AC werden mehrere Bewerber einzeln oder in einer Gruppe vorab auf ihre Qualifikation getestet. Sie dienen lediglich der Personalvorauswahl. Unternehmen versuchen dadurch auch die Aufmerksamkeit der Bewerber auf sich zu ziehen. Die Online-AC werden meist nicht vom Unternehmen selbst konzipiert, dies macht meist ein externer Dienstleister. [94]

Nachdem die Bewerbung auf allgemeine Mindestanforderungen wie Hochschulabschluss oder Sprachkenntnisse überprüft wurde, erhält der Bewerber einen Zugangscode, um beim Online-AC teilnehmen zu können. Beim Online-AC werden dem Bewerber meist unter Zeitdruck Aufgaben gestellt, um z.B. das analytische Denken des Bewerbers oder fachspezifisches Wissen zu testen. [95]

Online-AC bietet aber nicht nur Vorteile für das Unternehmen, auch Bewerber können davon profitieren. Zum einen kann sich der Bewerber selbst aussuchen, wann er das Online-AC machen möchte. Der Test findet im gewohnten Umfeld, somit in einer entspannten Atmosphäre statt. Außerdem ist der Test objektiv und bringt für den Bewerber keinen großen Zeit- oder Kostenaufwand mit

---

[92] Vgl. Stricker, Katja (Online-Bewerbung, 2010)
   Vgl. Siedler, Marcus; Wolanowski, Annetta (Digitale Bewerbungsformen, 2007)
[93] Vgl. Schaper, Niclas (Online-Tests, 2009), S. 20
[94] Vgl. Krzywinska, Elzbieta (E-Recruiting, 2006), S. 56-58
[95] Vgl. Monster Worldwide Deutschland GmbH (Hrsg.) (Online Assessment, 2009)

sich. Er bietet dem Bewerber außerdem die Möglichkeit, seine Stärken und Schwächen zu präsentieren. [96]

Allerdings gibt es auch einige Bewerber, die dem Online-AC kritisch gegenüberstehen, da sie sagen, dass ein Online-AC zu standardisiert sei und es somit nicht möglich sei, die individuelle Persönlichkeit des Bewerbers zu erfassen. [97]

Vor allem bei Auszubildenden, Praktikanten oder Trainees werden Online-AC häufig gewählt, da diese meist noch nicht über große Berufserfahrung verfügen und die Unternehmen aus deren Lebensläufen keinen Favoriten herauskristallisieren können. Das Online-AC bietet hierbei die Möglichkeit schnell und kostensparend markante Unterschiede erkennbar zu machen. Durch die Bewältigung des Online-AC findet ein Unternehmen heraus, welche Bewerber auszusortieren sind, da diese den weiteren Bewerbungsprozess nicht bewältigen können. Da ein Unternehmen nie sicher sein kann, dass der Bewerber die gestellten Aufgaben ohne Hilfe bewältigt hat, kann allein durch das Online-AC keine endgültige Entscheidung bzgl. der Einstellung erfolgen. Welchem Bewerber am Schluss ein Arbeitsverhältnis angeboten wird, bestimmt immer noch der zuständige Personalverantwortliche. [98]

2.2.2.5   Employer Branding

"Unter Employer Branding versteht man die Planung, aktive Gestaltung und Kontrolle einer Arbeitgebermarke und der mit ihr verbundenen Marketing-

[96] Vgl. Diercks, Joachim (Online-Assessment, 2011)
Vgl. Krzywinska, Elzbieta (E-Recruiting, 2006), S. 58
[97] Vgl. Krzywinska, Elzbieta (E-Recruiting, 2006), S. 105
[98] Vgl. o.V. (Online-Assessment, 2011)
Vgl. Krzywinska, Elzbieta (E-Recruiting, 2006), S. 60

maßnahmen." [99] Sie ist die Positionierung eines Unternehmens als Arbeitgeber. Der Arbeitgeber wird wie eine Marke betrachtet und soll für Bewerber attraktiv erscheinen. Der Employer Brand, also die ‚Marke Arbeitsplatz' muss hierbei einzigartig und unverwechselbar sein. Dabei haben Klarheit, Qualität, Glaubwürdigkeit, Loyalität, Sympathie und Vertrauen eine überaus große Bedeutung. Durch diese Attribute wird ein potenzieller Mitarbeiter auf das Unternehmen aufmerksam und bekommt dadurch das Bedürfnis, Teil dieses Unternehmens sein zu wollen. Vor allem durch die demografische Entwicklung und die zunehmende Knappheit an Fach- und Führungskräften nimmt das Employer Branding immer mehr an Bedeutung zu. [100]

Abb. 6: Employer-Branding-Prozess

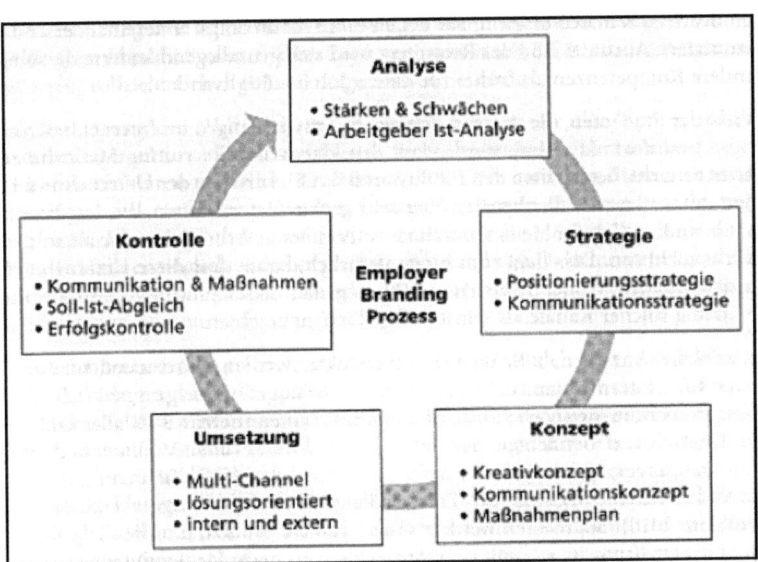

Quelle: Vgl. Bernauer, Dominik et. al (Social Media, 2011), S. 24

---

[99] Rauscher, Bernhard (Emotionales Personalmarketing, 2008), S. 128
[100] Vgl. Beck, Christoph (Personalmarketing 2.0, 2008), S. 28f.

Durch den ‚War for Talents', den Krieg um Talente, ist das Employer Branding essentiell geworden. Die jüngere Generation von Arbeitnehmern ist durch den demografischen Wandel quantitativ schwach vorhanden. Auch eine immer schwächer werdende Loyalität zum Arbeitgeber, wie auch eine bessere Übersicht über den Arbeitsmarkt, z.B. durch Online-Jobbörsen machen es den Unternehmen immer schwerer, seine Mitarbeiter an sich zu binden. Deswegen ist es gerade für mittelständige Unternehmen wichtig, gutes Employer Branding zu betreiben, damit sie sich vor allem gegen die größeren Unternehmen durchsetzen können. [101]

Jedes Unternehmen steht in direkter Konkurrenz gleichartiger Unternehmen seiner Branche. Bemerkbar ist dies vor allem durch sog. ‚Arbeitgeberrankings', wodurch ein Unternehmen z.B. zu den ‚100 beliebtesten Arbeitgebern' gehört. Doch diese Rankings sind nicht immer objektiv, da sie oftmals nur den Bekanntheitsgrad eines Unternehmens wiederspiegeln. Dies ist der Fall, da Arbeitnehmer, wenn sie nach ihrem Wunscharbeitgeber gefragt werden, meist das Unternehmen aufzählten, das ihnen sofort ins Gedächtnis kommt und mit dem sie positive Attribute assoziieren. Deswegen sind diese Rankings meist nur eine Erfolgsskala der Unternehmen, die sich selbst gut vermarktet haben. Die Rankings sind somit zwar nicht als Qualitätsfaktor des Arbeitgebers geeignet, da vor allem Studenten befragt werden, sie können jedoch zur Bemessung des Benchmarkings dienen. Belegt ein Unternehmen bei solchen Rankings einen der vorderen Plätze, heißt es nicht unbedingt, dass das Personalmarketing eine hervorragende Arbeit geleistet hat, denn der allgemeine Bekanntheitsgrad durch das Marketing der Produkte des Unternehmens hat bei diesen Rankings auch einen großen Einfluss. [102]

Zur Positionierung des Employer Brands sind nicht nur die Kommunikationsmaßnahmen nötig; es müssen noch die Faktoren Marktsituation des Unternehmens, Unternehmenspolitik und die Personalstrategie beachtet werden. Durch das Employer Branding will ein Unternehmen somit des Produkt ‚Arbeitsplatz' am Markt positionieren. [103]

2.2.2.6 Web 2.0

Der Begriff Web 2.0 wird heute gebraucht, da es heute ein Internet gibt, das mit dem Internet Anfang der 1990er Jahre nicht mehr vergleichbar ist. Brauchte man zu Beginn der Internetentwicklung noch relativ viel Vorwissen, um dieses nutzen zu können, so kann heute so gut wieder jeder leicht das Internet nutzen, um z.B. Fotos hochzuladen, zu bloggen oder um Suchmaschinen zu benutzen. Das Web 1.0 war das Internet der Anfänge. Programmierer verwenden die Versionen 1.0, 1.1, 1.2 usw. bei kleineren technologischen Fortschritten. Wenn es eine große Veränderung gab, so gab es einen Sprung von z.B. 1.6 auf 2.0. Der Begriff Web 2.0 wurde zum ersten Mal im Jahr 2004 benutzt, als es die erste ‚Web 2.0 Conference' in Kalifornien gab, bei der zum ersten Mal das Internet genutzt wurde. Oftmals verbindet man mit Web 2.0 die Social Media Anwendungen. Hierbei handelt es sich zwar nicht um eine technische Weiterentwicklung, jedoch um eine Kulturelle. [104]

Das Internet ist Hauptmedium geworden. Vor allem durch soziale Netzwerke wie Facebook oder XING, aber auch Blogs wie Twitter oder auch durch Foren informieren sich Bewerber über ihre potenziellen neuen Arbeitgeber. Es wird sich ausgetauscht und dabei entschieden, ob ein Unternehmen attraktiv ist. [105]

In einem Unternehmen arbeiten heutzutage meist vier Generationen. Die Nachkriegsgeneration (geboren vor und während des zweiten Weltkriegs), die Babyboomer (Jahrgang 1946-1964), die Generation X (Jahrgang 1965-1980)

[103] Vgl. Rauscher, Bernhard (Emotionales Personalmarketing, 2008), S. 128
[104] Vgl. Bernauer, Dominik et al. (Social Media, 2011), S. 17-19
[105] Vgl. Bernauer, Dominik et al. (Social Media, 2011), S. 20f.

und die Generation Y (1981-2000). Die Generation Y ist somit erst frisch im Berufsleben bzw. gehört bald zur Gruppe der Berufseinsteiger. Die Bedürfnisse dieser Generation in Bezug auf ihren Arbeitgeber haben sich im Gegensatz zur Generation X stark verändert. Die sog. Work-Life-Balance, ein ausgewogenes Verhältnis zwischen Arbeit und Freizeit, ist für viele der Generation Y sehr wichtig. Diese Generation ist mit den heutigen Technologien aufgewachsen. Sie surfen im Internet, twittern die neusten Informationen und googeln wie selbstverständlich. Was für viele Ältere neu oder gar befremdend ist, ist für die Generation Y Alltag. Genau deshalb ist die Präsenz von Personalmarketing des eigenen Unternehmens im Web 2.0 so wichtig. [106] Eine Umfrage der Unternehmensberatung Accenture hat ergeben, dass Bewerber der Generation Y vor allem Wert darauf legen, sich weiterbilden zu können. Allerdings auf eine spielerische Art. Sie wünschen sich mehr Auslandsaufenthalte und flexiblere Arbeitszeiten, sowie flachere Hierarchie in ihrem Unternehmen. Unternehmen sollten sich dieser Werte annehmen und zumindest teilweise verinnerlichen. [107]

Wenn sich ein Unternehmen entschließt, im Social Web aufzutreten, müssen einige Dinge beachtet werden. Das Web 2.0 ist rasend schnell. Je nachdem wie sich ein Unternehmen verhält, kann sich dies entweder positiv oder negativ auswirken. Deswegen sind das Zuhören und Beobachten im Social Web die wichtigsten Faktoren. Je nachdem, welcher Zielgruppe sich das Unternehmen annähern will, müssen verschiedene Kanäle gewählt werden. Hat das Unternehmen den richtigen Kanal gefunden, so möchte es mit seiner Zielgruppe in den Dialog treten. Dazu muss das Unternehmen die Aufmerksamkeit seiner Zielgruppe auf sich lenken. Sofern das Unternehmen gut zugehört und beobachtet hat, ist es nun leichter, dies zu erreichen. Durch die Erstellung einer Karriereseite des Unternehmens bei Facebook können mögliche Bewerber auf das Unternehmen aufmerksam gemacht werden. Das Unternehmen kann durch das Posten von Mitteilungen, Bildern oder Videos mit potenziellen Bewerbern kommunizieren. Der Prozess des Zuhörens, Aufmerksamkeit erregen, kommunizieren und im optimalen Fall Einstellens wird

[106] Vgl. Bernauer, Dominik et al. (Social Media, 2011), S. 36f.
[107] Vgl. Kürn, Hans-Christoph (Web 2.0 und Personalmarketing, o.J.)

auch das F-A-C-E-Konzept genannt (**F**-ollow&Listen, **A**-ttract, **C**-ommunicate, **E**-ngage). Unternehmen sollten dieses Konzept als Kreislauf ansehen, welches sich immer wieder wiederholt. Nur das Unternehmen, welches seine Zielgruppe gefunden hat und weiß, was sie bewegt, kann deren Aufmerksamkeit erregen, kann mit ihnen kommunizieren und schlussendlich die Vorbereitungen für einen Bewerbungsprozess in Gang setzen. [108]

2.3 Datenschutz

Die Verwendung des Internets zur Personalbeschaffung bringt auch einige Risiken mit sich. Es können Daten, die zwischen Bewerber und Unternehmen gesendet und empfangen werden, belauscht, abgefangen oder auch manipuliert werden. Um dies zu vermeiden, muss ein Unternehmen noch mehr Sicherheitsvorschriften einhalten, um einen Datenschutz gewährleisten zu können.

Viele Unternehmen leiten die Daten ihrer Bewerber verschlüsselt weiter. Wenn die Daten eine Verschlüsselung haben, können sie zum unternehmenseigenen Server weiter geleitet, dort wieder entschlüsselt und verwendet werden. Die maximalen Sicherheitsstandards müssen immer eingehalten werden. Deswegen muss die Homepage eines Unternehmens auch mit HTTPS anstatt HTTP protokoliert werden. Ebenso müssen die Datenschutzbestimmungen veröffentlicht werden. [109] Es wird meistens auch schon direkt bei der Stellenausschreibung oder beim Online-Formular des Unternehmens darauf hingewiesen, dass die Bewerberdaten entweder nur für einen bestimmten Zeitraum gespeichert werden oder der Bewerber die Löschung der Daten

---

[108] Vgl. Bernauer, Dominik et al. (Social Media, 2011), S. 115f.
[109] Vgl. Schiller Garcia, Jürgen (Personalmarketing und Internet, 2006), S.101

einfach beantragen kann. [110] Generell muss der Bewerber zum Speicherung seiner Daten jedoch sein Einverständnis erklären.

Da es keine internationale gesetzliche Regelung gibt, wie mit dem Datenschutz bei Bewerbungen per Internet zu verfahren ist, kann es sein, dass ein Bewerber, je nachdem in welchem Land er sich bewirbt, verschiedene Rechtsauffassungen zum Thema Datenschutz vorfindet. [111]

---

[110] Vgl. Krzywinska, Elzbieta (E-Recruiting, 2006), S. 62
[111] Vgl. Böhm-Rupprecht, Jolante et al. (Berufseignungsdiagnostik, 2003), S. 164

3 Vergleich zwischen den klassischen Personal-beschaffungsmethoden und dem E-Recruiting

3.1 Vor- und Nachteile der klassischen Personal-beschaffungsmethoden

Unter den Punkten 2.1.1.4 und 2.1.1.5, sowie 2.1.2.4 und 2.1.2.5 wurden bereits die Vor- und Nachteile der internen wie auch externen Personalbeschaffung beschrieben. Die nachfolgende Tabelle soll diese noch einmal knapp zusammenfassen.

Abb. 7: Gegenüberstellung der Vor- und Nachteile der klassischen Personalbeschaffungsmethode

	Interne Personalbeschaffung	Externe Personalbeschaffung
Vorteile	• MA-Bindung zum Unternehmen wird gestärkt • Mehr Motivation der MA → besseres Betriebsklima • Niedrigere Gefahr einer Fehlbesetzung → MA ist bekannt • Geringe Kosten für Bewerbungsprozess, Lohnverhandlungen • Geringer Zeitaufwand bei MA-Suche • Geringere Einarbeitungsphase	• Größere Auswahl-möglichkeiten • Neues Wissen und spezielle Kenntnisse • Evtl. Informa-tionszufluss über Konkurrenz • Geringere Weiterbildungs-kosten • Höhere Akzep-tanz der MA • Direkte Deckung des Personal-bedarfs • Evtl. Erhalt von Subventionen
Nachteile	• Evtl. Weiterbil-dungskosten • Betriebsblindheit • Geringere Auswahlmöglichkeit	• Höhere Beschaffungs-kosten • Längere Einarbeitungs-

• Evtl. Demotivation der MA, wenn sie abgelehnt werden • Evtl. Streitigkeiten zwischen den MA → Gefühl der Benachteiligung • Leistungsbereitschaft sinkt → MA ist sich seiner Beförderung sicher • Beförderungs-automatismus • Neu entstandene Lücke muss wieder geschlossen werden	phase • Höhere Gehalts-forderungen • Höhere Gefahr einer Fehl-besetzung → MA ist Unternehmen unbekannt • Evtl. Frustration bei anderen MA → Gefühl der Benachteiligung → Eingliederung des neuen MA schwierig → höhere Fluktuationsrate → schlechteres Betriebsklima

Quelle: Zusammenfassung der in den Punkten 2.1.1.4, 2.1.1.5, 2.1.2.4 und 2.1.2.5 erarbeiteten Erkenntnisse

3.2 Vor- und Nachteile des E-Recruitings

Vorteile:

Als klaren Vorteil gegenüber den klassischen Personalbeschaffungsmethoden kann man den Kostenvorteil nennen. E-Recruiting zu betreiben ist relativ kostengünstig. Egal ob ein Unternehmen eine Stellenausschreibung bei Online-Jobbörsen schaltet oder seine eigene Homepage pflegen muss, all das sind nur Bruchteile der Kosten einer Stellenausschreibung in einer Zeitung. Auch für den Bewerber hat die Stellenausschreibung im Internet den Vorteil, dass er sie kostenlos nutzen kann. Er kann sie kostenlos aufrufen und wenn es die Möglichkeit der Versendung der Bewerbungsunterlagen der E-Mail oder per Online-Formular gibt, spart er hier auch Portokosten und Kosten für eine Bewerbungsmappe. Die Nutzung von Online-Stellenausschreibungen bringt vor allem für kleine und mittelständige Unternehmen den Vorteil, dass sie mit

Großunternehmen mithalten können. Sie können genauso eine Stellenausschreibung schalten wie ein Großunternehmen. Bei Stellenausschreibungen in den Zeitungen konnten kleine und mittelständige Unternehmen meist mit den Großunternehmen nicht konkurrieren, da größere Stellenausschreibungen zu teuer für sie sind. Auch die Nutzung von Online-AC kann zu einem Kostenvorteil werden, da somit vorab nicht in Frage kommende Bewerber aussortiert werden können und sich dadurch kein Mitarbeiter um den Bewerbungsprozess in diesem Zusammenhang mehr kümmern muss. [112]

Auch in puncto Schnelligkeit verschafft das E-Recruiting einem Unternehmen Vorteile. Im Gegensatz zu Stellenausschreibungen in einer Zeitung, kann bei einer Stellenausschreibung im Internet eine Stelle sofort online gestellt werden. Man muss keine Fristen einer Redaktion oder Produktionsfristen einer Druckerei abwarten. Der Bewerber kann auch sofort auf die Stellenausschreibungen zugreifen und muss sich nicht erst eine Zeitung beschaffen. Er kann sich sofort bewerben, 24 Stunden am Tag an 365 Tagen im Jahr. Wenn er sich bewirbt, kann das Unternehmen direkt auf die Bewerbung zugreifen. Wenn diese auch noch in digitaler Form vorliegt, kann sie vom Unternehmen direkt weiter verarbeitet werden. Wenn sich ein Bewerber auf einer Internetseite ein Bewerberprofil angelegt hat, so kann er sich damit auch sehr schnell bewerben, bzw. können somit auch Personalverantwortliche auf die aktive Suche nach Mitarbeitern gehen. Insgesamt kann man sagen, dass der gesamte Bewerbungsprozess durch die Nutzung des Internets beschleunigt werden kann. Allein schon der Informationsaustausch per E-Mail ist deutlich schneller als per Post. Deswegen kann es durch die Nutzung von E-Recruiting möglich sein, dass eine offene Stelle schneller besetzt werden kann. [113]

---

[112] Vgl. Krzywinska, Elzbieta (E-Recruiting, 2006), S. 107f.
Vgl. Reisinger, Thomas (E-Recruiting, 2010), S. 75f.
Vgl. Jung, Hans (Personalwirtschaft, 2008), S. 149
[113] Vgl. Krzywinska, Elzbieta (E-Recruiting, 2006), S. 108
Vgl. Jung, Hans (Personalwirtschaft, 2008), S: 149

Die Stellenausschreibung im Internet ist auch transparenter als eine Stellenausschreibung in der Zeitung. Meist erfährt der Bewerber in dieser auch mehr über das Beschäftigungsverhältnis und mögliche Aufstiegsmöglichkeiten. Der Bewerber kann sich vor allem durch die Homepage des Unternehmens besser informieren. Er kann auch durch Filter oder spezifische Schlagwörter seine Auswahl präzisieren. Das Unternehmen kann durch die digitalen Bewerberinformationen schneller einen geeigneten Bewerber auswählen. [114]

Dadurch, dass Stellenausschreibungen im Internet schneller und transparenter sind, sind sie auch flexibler. Sie können länger im Internet präsent sein und sind dort ständig verfügbar. [115] Sie können schnell abgeändert werden, aus der Online-Stellenbörse heraus oder wieder hineingenommen werden. Der Bewerber kann sich durch die Schnelligkeit dieses Stellenmarktes umgehend informieren und so eventuelle Weiterbildungsmaßnahmen durchführen. [116]

Nachteile:

Durch das E-Recruiting kann es zu einer Masse an Bewerbungen kommen, die oft nicht den geforderten Qualifikationen entsprechen. Als Unternehmen sollte man deshalb beachten, dass die Anforderungen der zu besetzenden Stelle detailliert beschrieben sind, damit die Interessenten genau erkennen können, ob sie für die zu besetzende Stelle geeignet sind. Ansonsten bewerben sich auch ungeeignete Interessenten. Dies führt dann wiederum zu einem erhöhten Arbeitsaufwand des Personalverantwortlichens, der sich die Unterlagen anschauen und selektieren muss. Bei manchen Bewerbungen gibt es technische Probleme, z.B. sind einige Daten nicht lesbar oder der Bewerber hat falsche oder unvollständige Unterlagen geschickt. Die Hemmschwelle, eine Bewerbung per Internet zu verschicken ist viel geringer, als diese per Post zu versenden. Deswegen bewerben sich viele Interessenten oft unüberlegter und

---

[114] Vgl. Krzywinska, Elzbieta (E-Recruiting, 2006), S. 108f.
[115] Vgl. Reisinger, Thomas (E-Recruiting, 2010), S. 75
[116] Vgl. Krzywinska, Elzbieta (E-Recruiting, 2006), S. 109
    Vgl. Jung, Hans (Personalwirtschaft, 2008), S. 149

verschicken eine mangelhafte Bewerbung. Außerdem kann es vorkommen, dass sich aufgrund der Masse an Informationen gar kein geeigneter Bewerber meldet. Auch wenn ein Unternehmen ein Online-Formular zur Bewerbung anbietet, gibt es einige Bewerber, die sich trotzdem per E-Mail bewerben. Durch Vorselektionen, z.B. durch Online-AC kann es sein, dass ein interessanter Bewerber heraus selektiert wird, obwohl er geeignet ist. Diese Schwierigkeiten müssen durch mehr Personalaufwand abgefangen werden. [117]

Durch die Anschaffung und Wartung von spezieller E-Recruiting-Software entsteht ein zusätzlicher Kostenfaktor. Wenn ein Unternehmen das erste Mal E-Recruiting-Maßnahmen verwendet, muss vielleicht auch ein Spezialist zu Rate gezogen werden, damit die richtige Software gewählt und installiert wird. [118]

Beim Employer Branding besteht die Gefahr, dass via Internet nicht die richtige Zielgruppe erreicht wird. Einige ältere Mitarbeiter werden darüber nicht erreichbar sein, genauso wie Führungskräfte. Diese werden auch noch in Zukunft über Personalberater rekrutiert. Unternehmen sollten auch beachten, dass Informationen, die man über das Internet preis gibt, auch für die Konkurrenz zugänglich sind. [119] Manche Unternehmen bewerten Bewerbungen per Internet auch qualitativ schlechter als postalische Bewerbungen. Wenn ein Unternehmen beide Arten der Bewerbung anbietet, kommt es auch hin und wieder zu Durcheinander, sodass eine Bewerbung verloren geht. [120]

---

[117] Vgl. Krzywinska, Elzbieta (E-Recruiting, 2006), S. 110f.
[118] Vgl. o.V. (E-Recruiting, o.J.)
[119] Vgl. Krzywinska, Elzbieta (E-Recruiting, 2006), S. 111
[120] Vgl. Krzywinska, Elzbieta (E-Recruiting, 2006), S. 112

4   Auswertung der Online-Umfrage

4.1   Differenzierung zwischen Alter und Nutzung von E-Recruitinginstrumenten

Die von der Verfasserin erstellte Umfrage wurde im Zeitraum vom 18.01.-20.02.2012 durchgeführt. Dabei wurden die Teilnehmer der Umfrage zum einen in die Altersgruppe bis 45 Jahren und in die Altersgruppe ab 45 Jahren unterteilt, um zu untersuchen, inwiefern das Alter mit der Benutzung von E-Recruitinginstrumenten zusammen hängt. Unter den Teilnehmern waren 20 über 45 Jahre und 60 Teilnehmer waren unter 45 Jahren. [121]

Abb. 8: Wie ist der Teilnehmer auf seinen Arbeitsgeber aufmerksam geworden? (Differenzierung nach Alter)

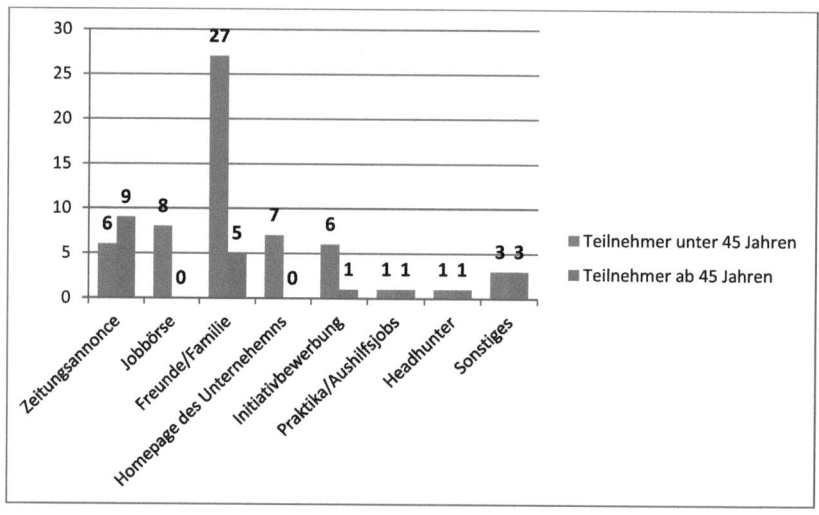

Quelle: Vgl. Anhang 2, S. 75f. und Anhang 3, S. 80f.

---

[121] Vgl. Anhang 1, S. 70

Bei den Teilnehmern unter 45 Jahren kann man erkennen, dass fast die Hälfte der Teilnehmer durch Freunde oder Familie auf ihren Arbeitgeber aufmerksam geworden sind. Die Kontaktaufnahme per Stellenanzeige in der Zeitung, per Jobbörse, per Homepage, aber auch die Initiativbewerbung sind in etwa gleich oft, aber dennoch viel weniger, genutzt worden. Zum Punkt ‚Sonstiges' wurden einmal die Kontaktaufnahme über einen Kollegen und sonst die Idee zur Selbstständigkeit genannt. Headhunter und ein Arbeitsverhältnis durch ein vorheriges Praktikum oder einen Aushilfsjob wurde nur einmal genannt. Diese Art der Kontaktaufnahme ist somit nicht sehr oft vertreten. Die anderen Alternativen in der Umfrage ‚Social Media' und ‚Apps' wurde von keinem Teilnehmer genutzt. [122] Wenn ein Unternehmen neue Mitarbeiter beschaffen will, ist der Weg über die Freunde und Familien seiner bereits vorhandenen Mitarbeiter am lukrativsten. Dies wäre z.B. durch einen ‚Tag der offenen Tür' oder eine Betriebsbesichtigung möglich.

Bei der Gruppe der Teilnehmer ab 45 Jahre wurde die klassische Stellenausschreibung in der Zeitung als Zugang zum Arbeitgeber am meisten genutzt. Anders als bei den jüngeren Teilnehmern sind nur 25% von ihnen durch Freunde und Familie auf ihren Arbeitgeber aufmerksam geworden. Jeweils ein Teilnehmer ist durch einen Headhunter gefunden worden, einer durch eine Initiativbewerbung und einer durch ein Praktikum oder einen Aushilfsjob. Unter ‚Sonstiges' hatten die Teilnehmer genannt, dass Ihnen entweder die Stelle von ihrem Arbeitgeber angeboten wurde oder sie bereits ihre Ausbildung in diesem Unternehmen gemacht haben. Es ist vor allem erkennbar, dass bei der älteren Generation der Teilnehmer niemand die Instrumente des E-Recruitings zur Jobsuche genutzt hat. [123] Wenn ein Unternehmen einen älteren Mitarbeiter mit viel Berufserfahrung sucht, so sollte hier vor allem die Stellenausschreibung in den Zeitungen genutzt werden. Die Suche über E-Recruiting-Instrumente verspricht hingegen keinen Erfolg.

---

[122] Vgl. Anhang 2, S. 75f.
[123] Vgl. Anhang 3, S. 80f.

Abb. 9: Wie hat sich der Teilnehmer beworben? (Differenzierung nach Alter)

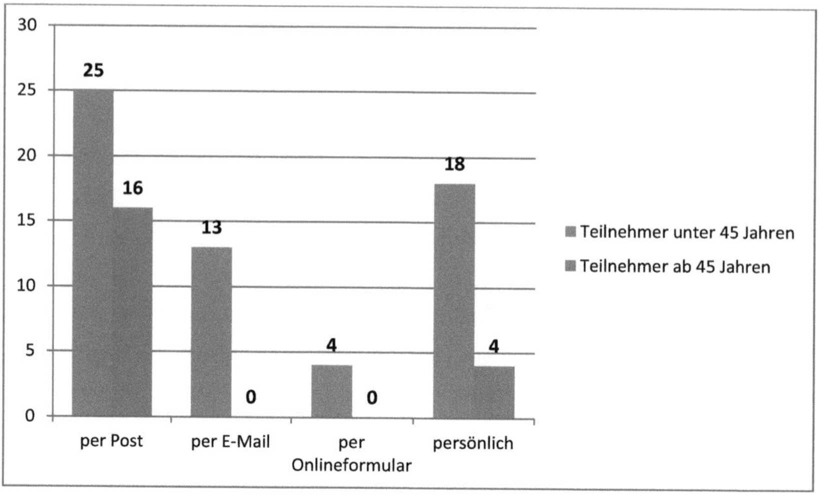

Quelle: Vgl. Anhang 2, S. 76 und Anhang 3, S. 81

Der klassische Weg einer Bewerbung ist auch bei den Teilnehmern bis 45 Jahre am beliebtesten. Doch auch die Bewerbung per E-Mail und der persönliche Weg werden gerne gewählt. Das Online-Formular wird hingegen nicht so oft genutzt. Auch bei den Teilnehmern ab 45 Jahren ist die klassische Bewerbung per Post am beliebtesten. Vier von Ihnen haben sich auch persönlich beworben, doch der Weg eine Bewerbung per E-Mail oder per Online-Formular zu verschicken, hat keiner von Ihnen gewählt. [124]

---

[124] Vgl. Anhang 2, S. 76
Vgl. Anhang 3, S. 81

Abb. 10: Der bevorzugte Bewerbungsweg (Differenzierung nach Alter)

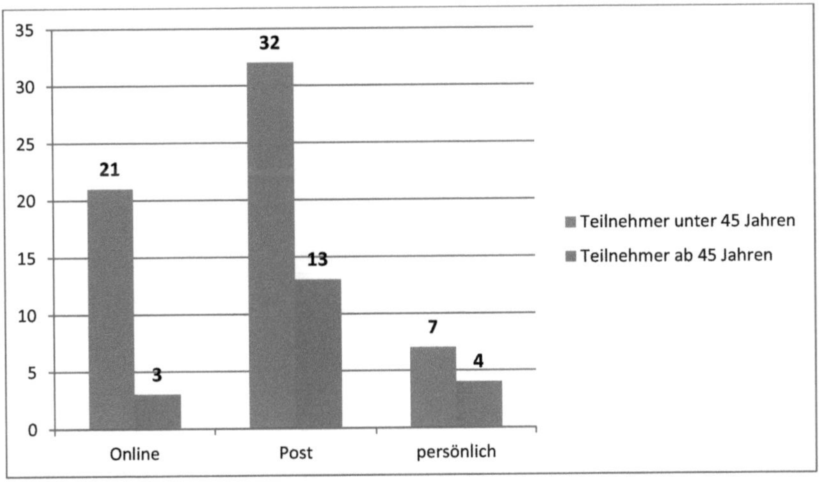

Quelle: Vgl, Anhang 2, S. 77 und Anhang 3, S. 82

Die jüngere Generation hat sich bei ihrer Jobsuche vor allem per Post beworben. Doch auch der Bewerbungsweg per E-Mail oder per Online-Formular ist häufig vertreten. Sieben Teilnehmer bevorzugen sogar die persönliche Bewerbung. Bei der älteren Generation der Teilnehmer wird ebenfalls die Bewerbung per Post am häufigsten genutzt. Vier von ihnen haben sich am meisten persönlich beworben und E-Recruitinginstrumenten haben 3 von ihnen genutzt. [125]

---

[125] Vgl. Anhang 2, S. 77
Vgl. Anhang 3, S. 82

Abb. 11: Genutzte Medien bei der Jobsuche (Differenzierung nach Alter)

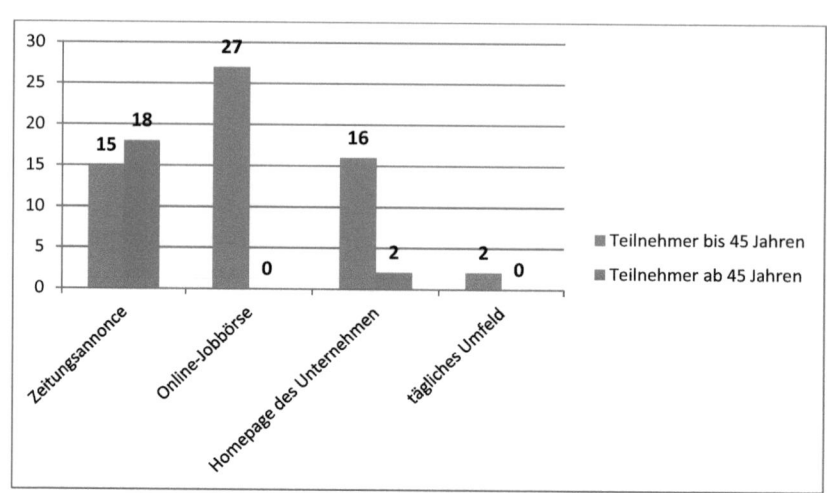

Quelle: Vgl, Anhang 2, S. 77f. und Anhang 3, S. 82

Beim bevorzugten Bewerbungsweg konnte man immer noch die klassischen Bewerbungswege erkennen, bei den genutzten Medien ist die Online-Jobbörse jedoch klarer Favorit der jüngeren Generation. Die Homepage der Unternehmen sowie Stellenausschreibungen in der Zeitung werden gleich häufig genutzt. Es werden jedoch kaum offene Stellen durch das tägliche Umfeld, wie z.B. ein Aushang im Supermarkt genutzt. Bei den Teilnehmern ab 45 Jahren wurde fast ausschließlich die Zeitungsannonce zur Jobsuche genutzt. Nur zwei Teilnehmer nutzen die Homepage der Unternehmen am häufigsten. [126]

---

[126] Vgl. Anhang 2, S. 77f.
Vgl. Anhang 3, S. 82

Abb. 12: Welche Social Media Anwendungen nutzt der Teilnehmer? (Differenzierung nach Alter)

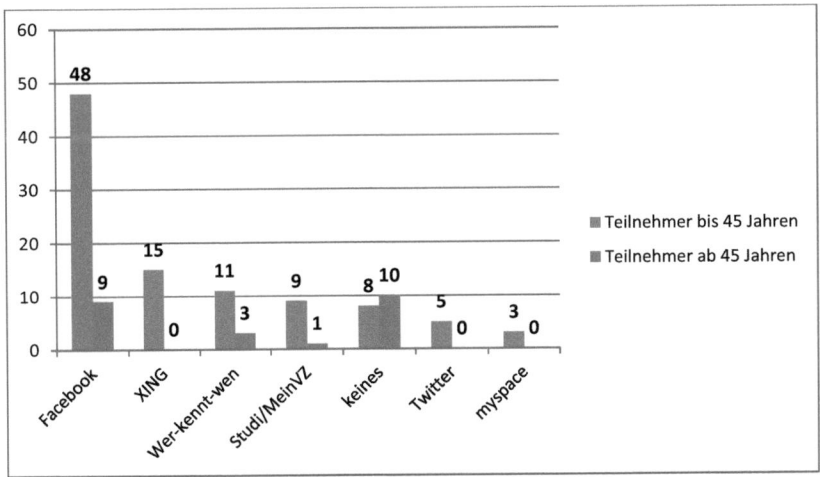

Quelle: Vgl. Anhang 2, S. 78 und Anhang 3, S. 82f.

Bei dieser Frage konnten die Teilnehmer Mehrfachantworten geben. Klar erkennbar ist, dass Facebook bei den Teilnehmern bis 45 Jahren die am häufigsten genutzte Social Media Anwendung ist. Alle anderen Anwendungen folgen mit großem Abstand. Acht Teilnehmer nutzen sogar keine dieser Anwendungen. Daran sieht man, dass auch in der jungen Generation die klassischen Personalbeschaffungsmethoden zu wählen sind, um junge Mitarbeiter zu gewinnen. [127]

Bei der Nutzung von Social Media Anwendungen ist die Gruppe der älteren Teilnehmern gespalten. Zehn von ihnen nutzen diese Anwendungen gar nicht und wiederrum neun nutzen zumindest Facebook. Ebenfalls feststellbar ist, dass im Gegensatz zu den jüngeren Teilnehmern die älteren Teilnehmer, wenn

---

[127] Vgl. Anhang 2, S. 78

sie eine Social Media Anwendung nutzen, eigentlich immer nur eine davon nutzen. Die jüngere Generation nutzt meist mehrere Anwendungen. [128]

Abb. 13: Wie oft wird Social Media genutzt? (Differenzierung nach Alter)

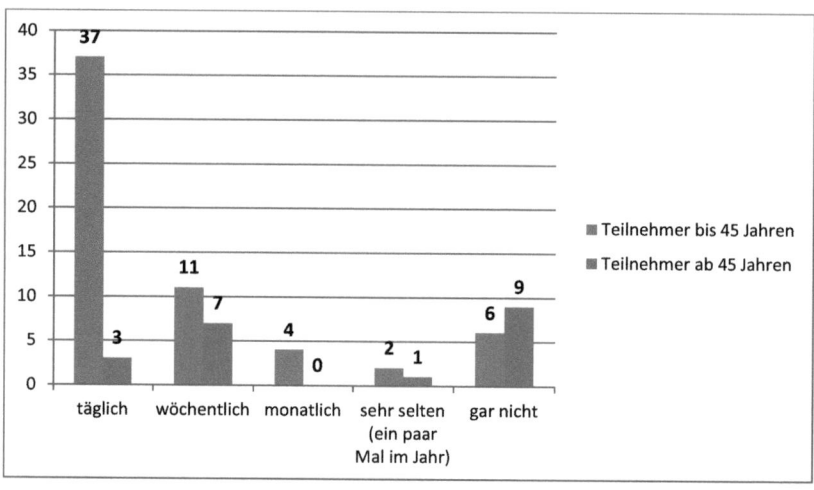

Quelle: Anhang 2, S. 78 und Anhang 3, S. 83

80% der Teilnehmer bis 45 Jahren nutzen Social Media Anwendungen täglich oder wöchentlich. Wenn ein Unternehmen also mit jungen Bewerbern in Kontakt treten will, sind die Social Media Anwendungen das ideale Medium. Bei den Teilnehmern ab 45 Jahren nutzen knapp die Hälfte keine der Social Media Anwendungen. Doch auch 50% der Teilnehmer ab 45 Jahren nutzen die Social Media Anwendungen täglich oder wöchentlich. Ein gewisses Potenzial ist somit auch bei der älteren Generation erkennbar. [129]

---

[128] Vgl. Anhang 3, S. 82f.
[129] Vgl. Anhang 2, S. 78
   Vgl. Anhang 3, S. 83

Abb. 14: Wie konnte man die Aufmerksamkeit beim Jobangebot gewinnen? (Differenzierung nach Alter)

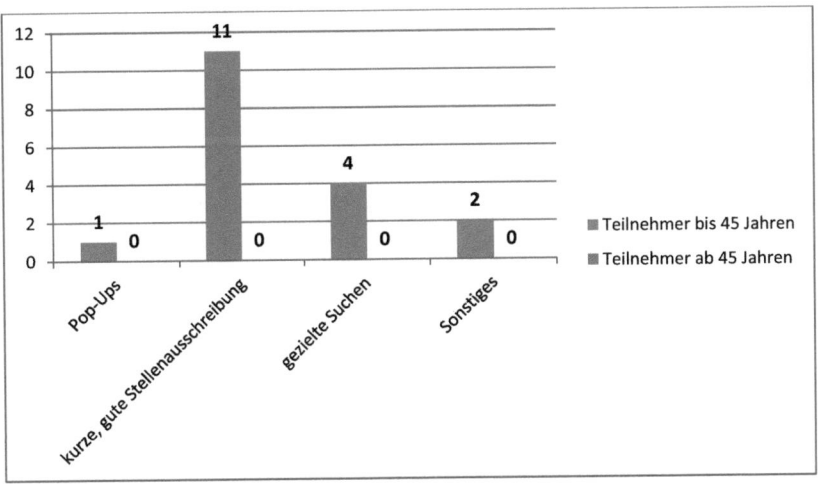

Quelle: Anhang 2, S. 79 und Anhang 3, S. 83f.

Bei den jüngeren Teilnehmern sind 18 von 60 durch die Social Media Anwendungen schon einmal auf ein Jobangebot aufmerksam geworden. Die meisten von ihnen haben durch eine kurze, gute Stellenausschreibung das Jobangebot bemerkt. Von den Teilnehmern über 45 Jahren ist niemand bisher auf ein Stellenangebot durch Social Media aufmerksam geworden. [130]

Insgesamt kann man sagen, dass die jüngere Generation vor allem was die Wahl der Medien zur Jobsuche auf Online-Jobbörsen zurück greift. Ein Unternehmen wird als Arbeitgeber bei den Social Media Anwendungen zwar registriert, doch bringt die Präsenz allein die potenziellen Bewerber nicht dazu, sich schlussendlich auch zu bewerben. Es ist zu klären, wie es am besten möglich ist, den Bewerber auch zu einer Bewerbung zu animieren. Auf die Empfehlung eines Freundes oder Familienmitgliedes legen viele Menschen

---

[130] Vgl. Anhang 2, S. 78f.
    Vgl. Anhang 3, S. 83f.

großen Wert. Denkbar wäre es also Empfehlungen per Social Media zu erstellen.

Doch die klassischen Personalbeschaffungsmethoden werden allein deswegen nicht aussterben, da viele Teilnehmer der jüngeren Generation diese Wege immer noch nutzen. Wenn ein Unternehmen Mitarbeiter mit vielen Erfahrungen suchen, so ist vor allem der Weg über Social Media nicht erfolgsversprechend. Die Auswertung hat gezeigt, dass keiner der Teilnehmer über 45 Jahren auf ein Jobangebot über Social Media aufmerksam wurde.

4.2 Differenzierung zwischen Arbeitnehmern in der Versicherungsbranche und branchenfremder Arbeitnehmern in Bezug auf E-Recruiting

Um herauszufinden, ob es Unterschiede zwischen Arbeitnehmern in der Versicherungsbranche und branchenfremden Arbeitnehmern in puncto E-Recruiting gibt, wurden die 80 Teilnehmer wieder in zwei Gruppen aufgeteilt. 20 Teilnehmer sind in der Versicherungsbranche tätig und 60 Teilnehmer arbeiten in anderen Branchen. [131]

---

[131] Vgl. Anhang 1, S. 72

Abb. 15: Wie ist der Teilnehmer auf seinen Arbeitgeber aufmerksam geworden? (Differenzierung nach Versicherungsbranche)

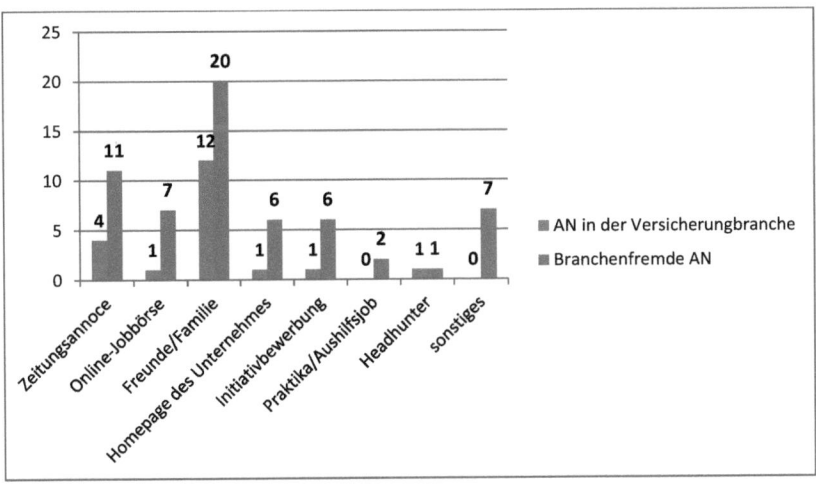

Quelle: Vgl. Anhang 4, S. 84f. und Anhang 5, S. 89f.

Mehr als die Hälfte der Arbeitnehmer in der Versicherungsbranche sind durch ihre Freunde oder Familie auf ihren Arbeitgeber aufmerksam geworden. 20% haben ihren Arbeitgeber durch die klassische Stellenausschreibung in der Zeitung gefunden. Alle anderen Kanäle sind etwa gleich häufig genannt worden. Bei den branchenfremden Arbeitnehmern sind 33% durch Freunde und Familie auf ihren Arbeitgeber aufmerksam geworden. Über die Zeitungsannonce, die Online-Jobbörse, die Homepage des Unternehmens und die Initiativbewerbung haben in etwa gleich viele Teilnehmer ihren Arbeitgeber entdeckt. [132] Somit lässt sich sagen, dass bei beiden Gruppen die meisten Teilnehmer über ihre Freunde oder Familie ihren Arbeitgeber gefunden haben. Grobe Unterschiede zwischen den Gruppen kann man nicht erkennen.

---

[132] Vgl. Anhang 4, S.84f.
Vgl. Anhang 5, S. 89f.

Abb. 16: Wie hat sich der Teilnehmer beworben? (Differenzierung nach Versicherungs-branche)

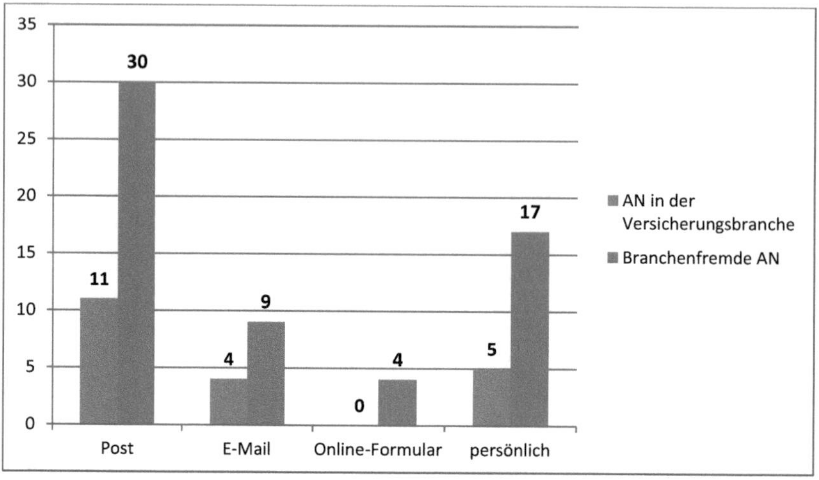

Quelle: Vgl. Anhang 4, S. 85 und Anhang 5, S. 90

Bei den Arbeitnehmern in der Versicherungsbranche haben sich mehr als die Hälfte per Post beworben. Etwa gleich viele Teilnehmer haben sich per E-Mail oder persönlich, doch keiner hat sich per Online-Formular beworben. Die Hälfte der branchenfremden Arbeitnehmer hat sich ebenfalls per Post beworben. In etwa 28% wählten die persönliche Bewerbung und die Bewerbungsformen per Internet sind mit ca. 22% vertreten. [133] Es lässt sich erkennen, dass beide Gruppen die postalische Bewerbung am meisten bevorzugen, danach folgt die persönliche Bewerbung, dann die Bewerbung per E-Mail und schlussendlich die Bewerbung per Online-Formular. Auch unter diesem Punkt kann man keine Unterschiede zwischen den Gruppen erkennen.

[133] Vgl. Anhang 4, S. 85
Vgl. Anhang 5, S. 90f.

Abb. 17: Der bevorzugte Bewerbungsweg (Differenzierung nach Versicherungs-branche)

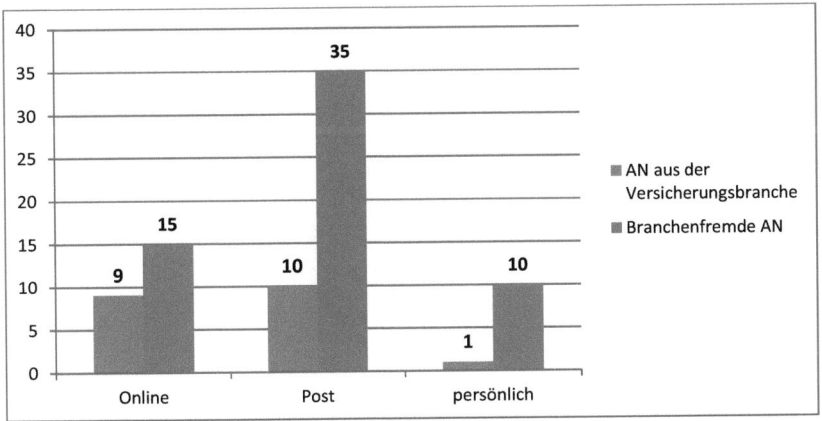

Quelle: Vgl. Anhang 4, S. 86 und Anhang 5, S. 91

Die Arbeitnehmer in der Versicherungsbranche bewerben sich bevorzugt online oder per Post. Nur ein Teilnehmer bewirbt sich am liebsten persönlich. Bei den branchenfremden Arbeitnehmern wird am meisten die Bewerbung per Post gewählt. Danach wird die Online-Bewerbung bevorzugt, dicht gefolgt von der persönlichen Bewerbung. [134] Bei den branchenfremden Arbeitnehmern ist als klarer Favorit die Bewerbung per Post erkennbar, wohingegen die Arbeitnehmer in der Versicherungsbranche sich sowohl gerne per Post als auch online bewerben.

---

[134] Vgl. Anhang 4, S. 86
Vgl. Anhang 5, S. 91

Abb. 18: Genutzte Medien bei der Jobsuche (Differenzierung nach Versicherungs-branche)

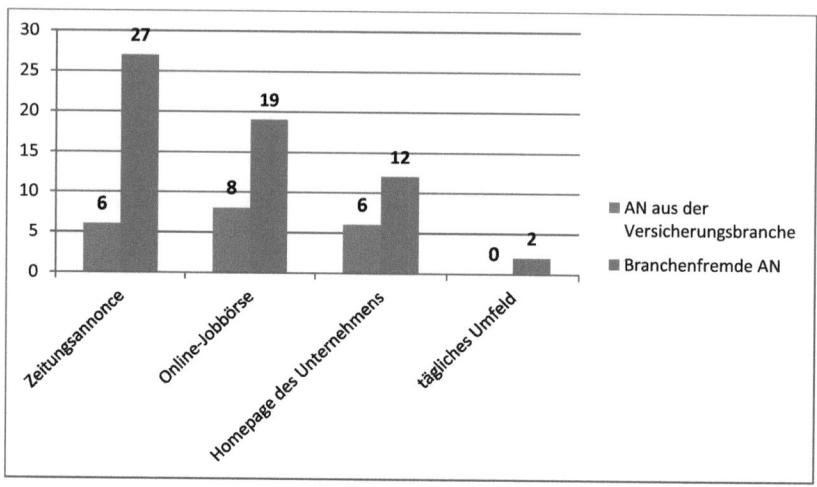

Quelle: Vgl. Anhang 4, S. 86 und Anhang 5, S. 91

Die Nutzung der Medien Zeitungsannonce, Online-Jobbörse und Homepage des Unternehmens wurde von den Arbeitnehmern in der Versicherungsbranche fast gleichermaßen genutzt. Bei den branchenfremden Arbeitnehmern ist die Stellenausschreibung in der Zeitung jedoch Favorit. Danach bewerben sich die Teilnehmer vor allem durch eine Online-Jobbörse und die Homepage des Unternehmens. Nur zwei von ihnen suchten aktiv im täglichen Umfeld. [135]

---

[135] Vgl. Anhang 4, S. 86
Vgl. Anhang 5, S. 91

Abb. 19: Welche Social Media Anwendungen nutzt der Teilnehmer? (Differenzierung nach Versicherungsbranche)

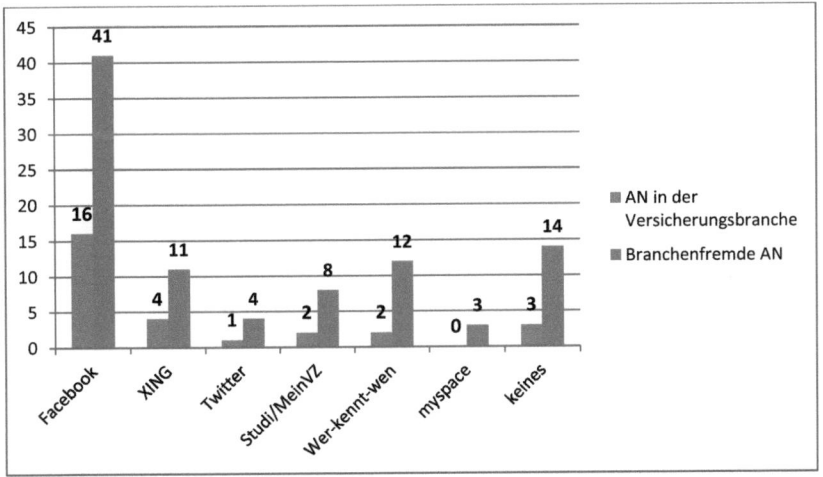

Quelle: Vgl. Anhang 4, S. 86f. und Anhang 5, S. 91f.

Facebook wird auch hier wieder von den meisten Arbeitnehmern in der Versicherungsbranche genutzt. XING, Twitter, StudiVZ oder MeinVZ und Wer-kennt-wen werden in etwa gleich viel genutzt. Auch bei den branchenfremden Arbeitnehmern ist Facebook die beliebteste Social Media Anwendung. Alle anderen Anwendungen sind weit hinter Facebook angesiedelt. 14 Teilnehmer benutzen sogar gar keine der Social Media Anwendungen.[136] Bei der Nutzung der Social Media Anwendungen lassen sich wieder als Gemeinsamkeiten beider Gruppen erkennen, dass Facebook die beliebteste Social Media Anwendung ist und alle anderen Anwendungen weitaus weniger genutzt werden.

---

[136] Vgl. Anhang 4, S. 86f.
   Vgl. Anhang 5, S. 91f.

Abb. 20: Wie oft wird Social Media genutzt? (Differenzierung nach Versicherungs-branche)

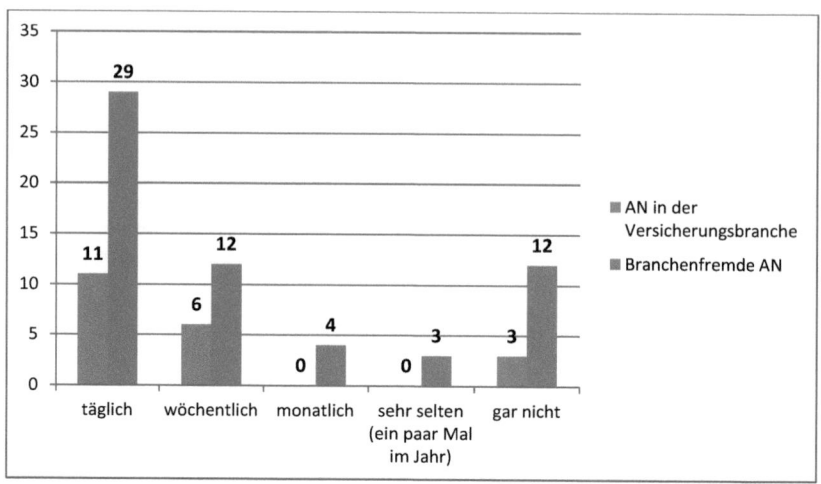

Quelle: Anhang 4, S. 87 und Anhang 5, S. 92

Ca. 69% der branchenfremden Arbeitnehmer und sogar 85% der Arbeitnehmer in der Versicherungsbranche nutzen die Social Media Anwendungen täglich oder wöchentlich. Nur 20% der branchenfremden Arbeitnehmer und 15% der Arbeitnehmer in der Versicherungsbranche nutzen diese Anwendungen gar nicht. [137] Das vorhandene Potenzial, mögliche Mitarbeiter durch die Nutzung von Social Media zu gewinnen ist bei beiden Gruppen daher sehr stark vorhanden.

---

[137] Vgl. Anhang 4, S. 87
   Vgl. Anhang 5, S. 92

Abb. 21: Wie konnte man die Aufmerksamkeit beim Jobangebot gewinnen? (Differenzierung nach Versicherungsbranche)

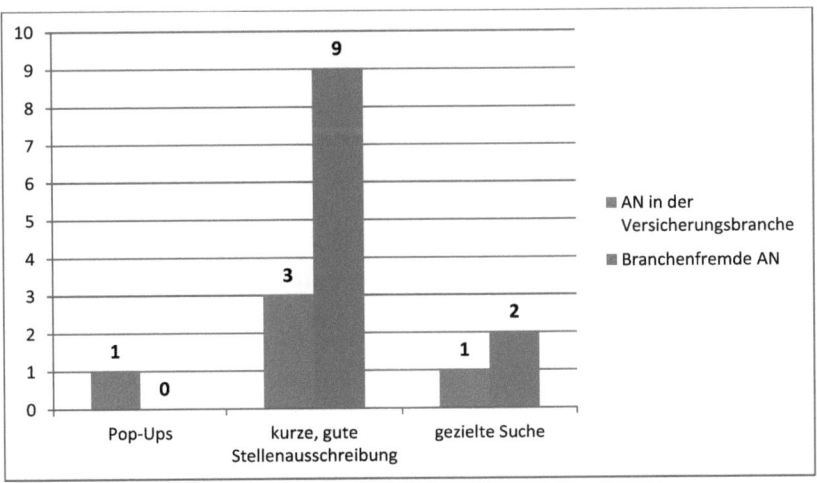

Quelle: Anhang 4, S. 88 und Anhang 5, S. 92f.

Bei den Arbeitnehmern in der Versicherungsbranche sind bisher nur 5 Teilnehmer auf ein Jobangebot aufmerksam gemacht worden. Meistens konnte man deren Aufmerksamkeit durch eine kurze, gute Stellenausschreibung gewinnen. Gleichermaßen ist es auch bei den branchenfremden Arbeitnehmern. 11 von ihnen sind schon einmal durch Social Media auf ein Jobangebot aufmerksam gemacht worden, wovon die meisten angaben, dass dies durch eine kurze, gute Stellenausschreibung geschah. [138]

Lediglich bei den genutzten Medien zur Arbeitssuche haben die Arbeitnehmer in der Versicherungsbranche die Medien Stellenausschreibung in der Zeitung, Online-Jobbörse und Homepage des Unternehmens fast gleichermaßen genutzt, wohingegen die branchenfremden Arbeitnehmer die Stellenausschreibung in der Zeitung klar bevorzugten. Auch beim Bewerbungsweg

---

[138] Vgl. Anhang 4, S. 88
Vgl. Anhang 5, S. 92f.

haben die Arbeitnehmer in der Versicherungsbranche sich bevorzugt online und per Post beworben; die branchenfremden Arbeitnehmer bewerben sich jedoch am liebsten per Post. [139] Insgesamt lässt sich aber sagen, dass sich die Arbeitnehmer in der Versicherungsbranche kaum von den branchenfremden Arbeitnehmern unterscheiden.

5 Optimale Zusammensetzung von klassischer Personalbeschaffung und E-Recruiting

Neben der erzielten Kosten- und Zeitersparnis, sind auch Effektivitätsgewinne beim neu rekrutierten Personal von großer Bedeutung. [140] Wenn ein Unternehmen alle potenziellen Kandidaten erreichen möchte, so muss es sowohl die klassischen Personalbeschaffungsmethoden, wie auch das E-Recruiting nutzen. Bei der Wahl der richtigen Online-Jobbörse sollte ein Unternehmen darauf achten, dass die Online-Jobbörse Besucher hat unter denen ein möglicher neuer Mitarbeiter zu finden ist. Wenn ein Unternehmen z.B. neue Auszubildende sucht, ist es nicht sehr sinnvoll eine Stellenausschreibung auf einer Online-Jobbörse für Akademiker, die ihr Studium bereits abgeschlossen haben, zu schalten. Für kleine Unternehmen kann eine bevorzugte Nutzung von Maßnahmen des E-Recruitings vor allem in Hinsicht der Kostenersparnis den Vorteil haben, dass sie mit Großunternehmen konkurrieren können. [141]

Das Personalmanagement muss bei der Optimierung des Rekrutierungsprozesses den vorhandenen Ist-Zustand analysieren, um darin vorhandene Fehler auszumerzen. Mögliche Fehler können bspw. sein, dass für den Bewerbungsprozess verschiedene Abteilungen zuständig sind. Die Stellenaus-

---

[139] Vgl. Anhang 4, S. 82
Vgl. Anhang 5, S. 87
[140] Vgl. Eisele, Daniela; Geke, Michael (E-Recruiting und E-Relationship-Management, 2003), S. 242
[141] Vgl. Bogen, Martina (Handbuch Personal, 2009), S. 73f.

schreibungen auf der betriebseigenen Homepage werden von der IT-Abteilung und die Stellenausschreibungen in den Printmedien von der Personalabteilung betreut. Dies kann zu Komplikationen führen, weil evtl. keine Absprachen getroffen werden. In einigen Unternehmen ist es auch noch üblich, eine Online-Bewerbung auszudrucken und man diese den gleichen Weg wie eine schriftlichen Bewerbung gehen lässt, wodurch es zu einem höheren Zeitaufwand kommen kann. Je länger ein Bewerber auf eine Reaktion seiner Bewerbung warten muss, desto höher ist die Wahrscheinlichkeit, dass dieser Bewerber bereits eine Stelle bei der Konkurrenz annimmt und somit auch ein hervorragendes Personalmarketing nutzlos ist. Ebenso kann es vorkommen, dass durch diese umständliche Verarbeitung der Bewerbungen, einige davon verloren gehen. Dass ein Bewerber lange auf eine Antwort warten muss oder seine Bewerbung gar verschwindet, zieht eine Schädigung des Images des Unternehmens mit sich. [142]

Das E-Recruiting kann ergänzend zu den klassischen Personalbeschaffungs-methoden genutzt werden. Es verdrängt die klassische Personalbeschaffung nicht, sondern erweitert diese. Je nachdem, wie groß ein Unternehmen ist, welcher Branche es angehört und wie dringend eine Stelle besetzt werden muss, entscheidet das einzelne Unternehmen, welche Strategie bei der Personalbeschaffung genutzt werden muss. Für die Beschaffung von Hilfs- und Facharbeitern wird auch in der Zukunft eine Stellenausschreibung in der Zeitung oder bei den Agenturen und Jobcentern der Bundesagentur für Arbeit genügen, da es hier auch ein großes Angebot an Arbeitskräften gibt. Doch gerade bei vergleichsweise wenigen Nachwuchs-Führungskräften ist eine zusätzliche Nutzung von E-Recruiting sehr effizient, da es eine schnelle und kostengünstige Alternative zur klassischen Stellenausschreibung in der Zeitung bietet. [143]

---

[142] Vgl. Konradt, Udo; Sarges, Werner (Hrsg.) (E-Recruitment, 2003), S. 242-244
[143] Vgl. Schiller Garcia, Jürgen (Personalmarketing und Internet, 2006), S. 89f.

Die Möglichkeiten des E-Recruitings sind sehr vielseitig. Jedes Unternehmen muss durch einen ständigen Soll-Ist-Abgleich feststellen, welche Instrumente am besten geeignet sind und daraus einen individuellen Rekrutierungs-instrumentenmix erarbeiten. Sofern ein Unternehmen sowohl schriftliche als auch Online-Bewerbungen erhalten möchte, so sollte es jedoch auch bei den schriftlichen Bewerbungen diese direkt nach deren Eingang digitalisieren, damit alle Bewerbungen gleich bearbeitet werden können. [144]

6   Fazit

Obwohl das E-Recruiting vor allem in den letzten 10 Jahren eine starke Konkurrenz zu den klassischen Personalbeschaffungsmethoden geworden ist, werden diese dennoch nicht aussterben. Vor allem um Fach- und Führungs-kräfte zu rekrutieren, bedarf es immer noch der Wege der klassischen Personalbeschaffung, wie bspw. durch einen Headhunter. Auch die Beschaffung von Mitarbeitern durch Personalleasing wird in der nächsten Zeit immer mehr steigen. Bei einem Bedarf an ausführenden Arbeitskräften wird die Personalsuche weiterhin über die Agenturen und Jobcenter der Bundesagentur für Arbeit erfolgen.

Wir befinden uns in einer stetigen Entwicklung neuen Rekrutierungsmaß-nahmen. Man kann nur spekulieren, welche Möglichkeiten sowohl den Bewerbern wie auch den Unternehmen in der Zukunft zur Verfügung stehen werden. Mit der Entwicklung neuer Technologien, wachsen natürlich auch die Möglichkeiten der Personalbeschaffung. Vielleicht finden Bewerbungsge-spräche irgendwann in virtueller Form statt, sodass ein Gespräch per Webcam oder Ähnlichem geführt wird. Einen virtuellen Lebenslauf findet man bei Internetseiten wie XING oder LinkedIn bereits, was vor ein paar Jahren auch noch als kaum machbar erschien.

---

[144] Vgl. Krzywinska, Elzbieta (E-Recruiting, 2006), S. 117

Zum heutigen Standpunkt kann aber man sagen, dass Unternehmen, wenn sie jüngere Bewerber auf sich aufmerksam machen möchten, vor allem im Bereich Social Media aktiv sein müssen. Hier befindet sich der Großteil der Zielgruppe.

Anhang

Ergebnisse der Umfrage

Anhang 1: Gesamtergebnis

Seite 1, Frage 1: Wie alt sind Sie?
80 Teilnehmer

< 45	60
> 45	20

Seite 1, Frage 2: In welchem Beschäftigungsverhältnis stehen Sie?
80 Teilnehmer

Angestellte(r)	46
Selbstständiger(r) / Freiberufler(in)	6
Schüler(in) / Auszubildende(r) / Student(in)	28
arbeitssuchend	-

Seite 1, Frage 3: Wie sind Sie auf Ihren jetzigen Arbeitgeber aufmerksam geworden?
80 Teilnehmer

Stellenanzeige in einer Zeitung	15	
Stellenanzeige bei einer Jobbörse (z.B. monster.de oder stepstone.de)	8	
Durch Freunde / Familie	32	
Über die Homepage des Unternehmens	7	

Initiativbewerbung	7
Durch Praktika / Aushilfsjob	2
Headhunter	2
Social Media (z.B. facebook, XING, etc.)	-
Apps (z.B. Meine Stadt)	-
Sonstiges	7

Sonstiges:
- eMail
- Mir wurde die Stelle angeboten.
- Ich bin von der Firma angefragt worden
- ein Kollege hat mich empfohlen
- Ausbildung gemacht
- Habe mein Hobby, die Musik, einfach zum Beruf gemacht und eine freiberufliche Tätigkeit aufgenommen. Inspiriert und bestärkt haben mich Erfolge.
- Ich bin mit Hilfe eines Vereins und meiner Geschäftspartnerin auf die Idee gekommen, mich selbstständigzu machen.

Seite 1, Frage 4: Wie haben Sie sich beworben?
80 Teilnehmer

per Post	41
per E-Mail	13
per Onlineformular auf der Homepage des Arbeitgebers	4
persönlich	22

Seite 1, Frage 5: Sind Sie in der Versicherungsbranche tätig?

80 Teilnehmer

Ja	20
Nein	60

Seite 1, Frage 6: Was ist für Sie als Arbeitnehmer bei einer Stellenausschreibung am wichtigsten?

80 Teilnehmer

Viele Informationen über das Arbeitsverhältnis	59
Vergütung	2
Erster Eindruck (Lay-Out, Anordnung der Textfelder, etc.)	13
Gebotene Aufstiegsmöglichkeiten	5
Zusatzleistungen (z.B. Vermögenswirksame Leistungen, Firmenwagen, etc.)	1

Seite 2, Frage 7: Auf was legen Sie bei Ihrer Bewerbung am meisten wert?

80 Teilnehmer

Dass ich mich online bewerben kann, um Zeit und Kosten sparen zu können	24
Dass meine Bewerbung einen guten optischen Eindruck macht (hochwertige Bewerbungsmappe, Anordnung der Unterlagen, etc.)	45
Dass ich meine Bewerbung persönlich abgeben kann, um direkt einen bleibenden Eindruck hinterlassen zu können	11

Seite 2, Frage 8: Welche Medien haben Sie zur Jobsuche am häufigsten genutzt?

80 Teilnehmer

Stellenanzeigen in der Zeitung	33
Stellenanzeigen bei einer Jobbörse (z.B. monster.de oder stepstone.de)	27

Homepage der Unternehmen	18
Stellenausschreibungen in Ihrem täglichen Umfeld (z.B. Aushänge im Supermarkt, etc.)	2

Seite 2, Frage 9: Welche Social Media Anwendung nutzen Sie? (Mehrfachanworten möglich)
80 Teilnehmer

Facebook	57
XING	15
Twitter	5
Studi/MeinVZ	10
Wer-kennt-wen	14
LikedIn	-
myspace	3
keines	17

Seite 2, Frage 10: Wie oft nutzen Sie diese Anwendungen?
80 Teilnehmer

täglich	40
wöchentlich	18
monatlich	4
sehr selten (ein paar Mal im Jahr)	3
gar nicht	15

Seite 2, Frage 11: Sind Sie über diese Anwendungen schon einmal auf Jobangebot aufmerksam geworden?

80 Teilnehmer

Ja	14
Nein	66

Seite 2, Frage 12: Falls ja, wie konnte man hierfür Ihre Aufmerksamkeit gewinnen?

64 Teilnehmer

Durch Pop-Ups (Fenster oder Bilder, die „aufploppen")	1	
Durch grelle Farben	-	
Durch eine zentrierte Ansicht	-	
Durch eine kurze, gute Stellenausschreibung	12	
Durch eine gezielte Suche	5	
Sonstige	2	• Direkte Ansprache per PM • weiß ich nicht mehr
Bin bisher nicht durch Social Media auf ein Jobangebot aufmerksam geworden	44	

Anhang 2: Teilnehmer bis 45 Jahren

Seite 1, Frage 1: Wie alt sind Sie?

60 Teilnehmer

< 45	60
> 45	-

Seite 1, Frage 2: In welchem Beschäftigungsverhältnis stehen Sie?

60 Teilnehmer

Angestellte(r)	26
Selbstständiger(r) / Freiberufler(in)	6
Schüler(in) / Auszubildende(r) / Student(in)	28
arbeitssuchend	-

Seite 1, Frage 3: Wie sind Sie auf Ihren jetzigen Arbeitgeber aufmerksam geworden?

60 Teilnehmer

Stellenanzeige in einer Zeitung	6	
Stellenanzeige bei einer Jobbörse (z.B. monster.de oder stepstone.de)	8	
Durch Freunde / Familie	27	
Über die Homepage des Unternehmens	7	
Initiativbewerbung	6	
Durch Praktika / Aushilfsjob	1	
Headhunter	1	

Social Media (z.B. facebook, XING, etc.)	-	
Apps (z.B. Meine Stadt)	-	
Sonstiges	4	• eMail • ein Kollege hat mich empfohlen • Habe mein Hobby, die Musik, einfach zum Beruf gemacht und eine freiberufliche Tätigkeit aufgenommen. Inspiriert und bestärkt haben mich Erfolge. • Ich bin mit Hilfe eines Vereins und meiner Geschäftspartnerin auf die Idee gekommen, mich selbstständigzu machen.

Seite 1, Frage 4: Wie haben Sie sich beworben?

60 Teilnehmer

per Post	25
per E-Mail	13
per Onlineformular auf der Homepage des Arbeitgebers	4
persönlich	18

Seite 1, Frage 5: Sind Sie in der Versicherungsbranche tätig?

60 Teilnehmer

Ja	16
Nein	44

Seite 1, Frage 6: Was ist für Sie als Arbeitnehmer bei einer Stellenausschreibung am wichtigsten?

60 Teilnehmer

Viele Informationen über das Arbeitsverhältnis	43
Vergütung	2
Erster Eindruck (Lay-Out, Anordnung der Textfelder, etc.)	9
Gebotene Aufstiegsmöglichkeiten	5
Zusatzleistungen (z.B. Vermögenswirksame Leistungen, Firmenwagen, etc.)	1

Seite 2, Frage 7: Auf was legen Sie bei Ihrer Bewerbung am meisten wert?

60 Teilnehmer

Dass ich mich online bewerben kann, um Zeit und Kosten sparen zu können	21
Dass meine Bewerbung einen guten optischen Eindruck macht (hochwertige Bewerbungsmappe, Anordnung der Unterlagen, etc.)	32
Dass ich meine Bewerbung persönlich abgeben kann, um direkt einen bleibenden Eindruck hinterlassen zu können	7

Seite 2, Frage 8: Welche Medien haben Sie zur Jobsuche am häufigsten genutzt?

60 Teilnehmer

Stellenanzeigen in der Zeitung	15
Stellenanzeigen bei einer Jobbörse (z.B. monster.de oder stepstone.de)	27
Homepage der Unternehmen	16
Stellenausschreibungen in Ihrem täglichen Umfeld (z.B. Aushänge im Supermarkt, etc.)	2

Seite 2, Frage 9: Welche Social Media Anwendung nutzen Sie? (Mehrfachanworten möglich)
60 Teilnehmer

Facebook	48
XING	15
Twitter	5
Studi/MeinVZ	9
Wer-kennt-wen	11
LikedIn	-
myspace	3
keines	8

Seite 2, Frage 10: Wie oft nutzen Sie diese Anwendungen?
60 Teilnehmer

täglich	37
wöchentlich	11
monatlich	4
sehr selten (ein paar Mal im Jahr)	2
gar nicht	6

Seite 2, Frage 11: Sind Sie über diese Anwendungen schon einmal auf Jobangebot aufmerksam geworden?

60 Teilnehmer

Ja	14
Nein	46

Seite 2, Frage 12: Falls ja, wie konnte man hierfür Ihre Aufmerksamkeit gewinnen?

50 Teilnehmer

Durch Pop-Ups (Fenster oder Bilder, die „aufploppen")	1	
Durch grelle Farben	-	
Durch eine zentrierte Ansicht	-	
Durch eine kurze, gute Stellenausschreibung	11	
Durch eine gezielte Suche	4	
Sonstige	2	• Direkte Ansprache per PM • weiß ich nicht mehr
Bin bisher nicht durch Social Media auf ein Jobangebot aufmerksam geworden	32	

Anhang 3: Teilnehmer über 45 Jahren

Seite 1, Frage 1: Wie alt sind Sie?

20 Teilnehmer

< 45	-
> 45	20

Seite 1, Frage 2: In welchem Beschäftigungsverhältnis stehen Sie?

20 Teilnehmer

Angestellte(r)	20
Selbstständiger(r) / Freiberufler(in)	-
Schüler(in) / Auszubildende(r) / Student(in)	-
arbeitssuchend	-

Seite 1, Frage 3: Wie sind Sie auf Ihren jetzigen Arbeitgeber aufmerksam geworden?

20 Teilnehmer

Stellenanzeige in einer Zeitung	9	
Stellenanzeige bei einer Jobbörse (z.B. monster.de oder stepstone.de)	-	
Durch Freunde / Familie	5	
Über die Homepage des Unternehmens	-	
Initiativbewerbung	1	
Durch Praktika / Aushilfsjob	1	
Headhunter	1	

Social Media (z.B. facebook, XING, etc.)	-	
Apps (z.B. Meine Stadt)	-	
Sonstiges	3	• Ich bin von der Firma angefragt worden • Mir wurde die Stelle angeboten. • Ausbildung gemacht

Seite 1, Frage 4: Wie haben Sie sich beworben?

20 Teilnehmer

per Post	16
per E-Mail	-
per Onlineformular auf der Homepage des Arbeitgebers	-
persönlich	4

Seite 1, Frage 5: Sind Sie in der Versicherungsbranche tätig?

20 Teilnehmer

| Ja | 4 |
| Nein | 16 |

Seite 1, Frage 6: Was ist für Sie als Arbeitnehmer bei einer Stellenausschreibung am wichtigsten?

20 Teilnehmer

| Viele Informationen über das Arbeitsverhältnis | 16 |
| Vergütung | - |

Erster Eindruck (Lay-Out, Anordnung der Textfelder, etc.)	4
Gebotene Aufstiegsmöglichkeiten	-
Zusatzleistungen (z.B. Vermögenswirksame Leistungen, Firmenwagen, etc.)	-

Seite 2, Frage 7: Auf was legen Sie bei Ihrer Bewerbung am meisten wert?
20 Teilnehmer

Dass ich mich online bewerben kann, um Zeit und Kosten sparen zu können	3
Dass meine Bewerbung einen guten optischen Eindruck macht (hochwertige Bewerbungsmappe, Anordnung der Unterlagen, etc.)	13
Dass ich meine Bewerbung persönlich abgeben kann, um direkt einen bleibenden Eindruck hinterlassen zu können	4

Seite 2, Frage 8: Welche Medien haben Sie zur Jobsuche am häufigsten genutzt?
20 Teilnehmer

Stellenanzeigen in der Zeitung	18
Stellenanzeigen bei einer Jobbörse (z.B. monster.de oder stepstone.de)	-
Homepage der Unternehmen	2
Stellenausschreibungen in Ihrem täglichen Umfeld (z.B. Aushänge im Supermarkt, etc.)	-

Seite 2, Frage 9: Welche Social Media Anwendung nutzen Sie? (Mehrfachanworten möglich)
20 Teilnehmer

Facebook	9
XING	-
Twitter	-

Studi/MeinVZ	1
Wer-kennt-wen	3
LikedIn	-
myspace	-
keines	9

Seite 2, Frage 10: Wie oft nutzen Sie diese Anwendungen?

20 Teilnehmer

täglich	3
wöchentlich	7
monatlich	-
sehr selten (ein paar Mal im Jahr)	1
gar nicht	9

Seite 2, Frage 11: Sind Sie über diese Anwendungen schon einmal auf Jobangebot aufmerksam geworden?

20 Teilnehmer

| Ja | - |
| Nein | 20 |

Seite 2, Frage 12: Falls ja, wie konnte man hierfür Ihre Aufmerksamkeit gewinnen?

14 Teilnehmer

| Durch Pop-Ups (Fenster oder Bilder, die „aufploppen") | - |
| Durch grelle Farben | - |

Durch eine zentrierte Ansicht	-
Durch eine kurze, gute Stellenausschreibung	1
Durch eine gezielte Suche	1
Sonstige	-
Bin bisher nicht durch Social Media auf ein Jobangebot aufmerksam geworden	12

Anhang 4: Arbeitnehmer in der Versicherungsbranche

Seite 1, Frage 1: Wie alt sind Sie?

20 Teilnehmer

< 45	16
> 45	4

Seite 1, Frage 2: In welchem Beschäftigungsverhältnis stehen Sie?

20 Teilnehmer

Angestellte(r)	10
Selbstständiger(r) / Freiberufler(in)	2
Schüler(in) / Auszubildende(r) / Student(in)	8
arbeitssuchend	-

Seite 1, Frage 3: Wie sind Sie auf Ihren jetzigen Arbeitgeber aufmerksam geworden?

20 Teilnehmer

Stellenanzeige in einer Zeitung	4
Stellenanzeige bei einer Jobbörse (z.B. monster.de oder stepstone.de)	1
Durch Freunde / Familie	12
Über die Homepage des Unternehmens	1
Initiativbewerbung	1
Durch Praktika / Aushilfsjob	-
Headhunter	1
Social Media (z.B. facebook, XING, etc.)	-

Apps (z.B. Meine Stadt)	-
Sonstiges	-

Seite 1, Frage 4: Wie haben Sie sich beworben?
20 Teilnehmer

per Post	11
per E-Mail	4
per Onlineformular auf der Homepage des Arbeitgebers	-
persönlich	5

Seite 1, Frage 5: Sind Sie in der Versicherungsbranche tätig?
20 Teilnehmer

Ja	20
Nein	-

Seite 1, Frage 6: Was ist für Sie als Arbeitnehmer bei einer Stellenausschreibung am wichtigsten?
20 Teilnehmer

Viele Informationen über das Arbeitsverhältnis	13
Vergütung	-
Erster Eindruck (Lay-Out, Anordnung der Textfelder, etc.)	5
Gebotene Aufstiegsmöglichkeiten	1
Zusatzleistungen (z.B. Vermögenswirksame Leistungen, Firmenwagen, etc.)	1

Seite 2, Frage 7: Auf was legen Sie bei Ihrer Bewerbung am meisten wert?
20 Teilnehmer

Dass ich mich online bewerben kann, um Zeit und Kosten sparen zu können	9
Dass meine Bewerbung einen guten optischen Eindruck macht (hochwertige Bewerbungsmappe, Anordnung der Unterlagen, etc.)	10
Dass ich meine Bewerbung persönlich abgeben kann, um direkt einen bleibenden Eindruck hinterlassen zu können	1

Seite 2, Frage 8: Welche Medien haben Sie zur Jobsuche am häufigsten genutzt?

20 Teilnehmer

Stellenanzeigen in der Zeitung	6
Stellenanzeigen bei einer Jobbörse (z.B. monster.de oder stepstone.de)	8
Homepage der Unternehmen	6
Stellenausschreibungen in Ihrem täglichen Umfeld (z.B. Aushänge im Supermarkt, etc.)	-

Seite 2, Frage 9: Welche Social Media Anwendung nutzen Sie? (Mehrfachanworten möglich)

20 Teilnehmer

Facebook	16
XING	4
Twitter	1
Studi/MeinVZ	2
Wer-kennt-wen	2
LikedIn	-
myspace	-
keines	3

Seite 2, Frage 10: Wie oft nutzen Sie diese Anwendungen?

20 Teilnehmer

täglich	11
wöchentlich	6
monatlich	-
sehr selten (ein paar Mal im Jahr)	-
gar nicht	3

Seite 2, Frage 11: Sind Sie über diese Anwendungen schon einmal auf Jobangebot aufmerksam geworden?

20 Teilnehmer

Ja	3
Nein	17

Seite 2, Frage 12: Falls ja, wie konnte man hierfür Ihre Aufmerksamkeit gewinnen?

15 Teilnehmer

Durch Pop-Ups (Fenster oder Bilder, die „aufploppen")	1
Durch grelle Farben	-
Durch eine zentrierte Ansicht	-
Durch eine kurze, gute Stellenausschreibung	3
Durch eine gezielte Suche	1
Sonstige	-
Bin bisher nicht durch Social Media auf ein Jobangebot aufmerksam geworden	10

Anhang 5: Branchenfremde Arbeitnehmer

Seite 1, Frage 1: Wie alt sind Sie?

60 Teilnehmer

< 45	44
> 45	16

Seite 1, Frage 2: In welchem Beschäftigungsverhältnis stehen Sie?
60 Teilnehmer

Angestellte(r)	36
Selbstständiger(r) / Freiberufler(in)	4
Schüler(in) / Auszubildende(r) / Student(in)	20
arbeitssuchend	-

Seite 1, Frage 3: Wie sind Sie auf Ihren jetzigen Arbeitgeber aufmerksam geworden?
60 Teilnehmer

Stellenanzeige in einer Zeitung	11	
Stellenanzeige bei einer Jobbörse (z.B. monster.de oder stepstone.de)	7	
Durch Freunde / Familie	20	
Über die Homepage des Unternehmens	6	
Initiativbewerbung	6	
Durch Praktika / Aushilfsjob	2	

Headhunter	1	
Social Media (z.B. facebook, XING, etc.)	-	
Apps (z.B. Meine Stadt)	-	
Sonstiges	7	• eMail • Mir wurde die Stelle angeboten. • Ich bin von der Firma angefragt worden • ein Kollege hat mich empfohlen • Ausbildung gemacht • Habe mein Hobby, die Musik, einfach zum Beruf gemacht und eine freiberufliche Tätigkeit aufgenommen. Inspiriert und bestärkt haben mich Erfolge. • Ich bin mit Hilfe eines Vereins und meiner Geschäftspartnerin auf die Idee gekommen, mich selbstständigzu machen.

Seite 1, Frage 4: Wie haben Sie sich beworben?
60 Teilnehmer

per Post	30
per E-Mail	9
per Onlineformular auf der Homepage des Arbeitgebers	4
persönlich	17

Seite 1, Frage 5: Sind Sie in der Versicherungsbranche tätig?

60 Teilnehmer

Ja	-
Nein	60

Seite 1, Frage 6: Was ist für Sie als Arbeitnehmer bei einer Stellenausschreibung am wichtigsten?

60 Teilnehmer

Viele Informationen über das Arbeitsverhältnis	46
Vergütung	2
Erster Eindruck (Lay-Out, Anordnung der Textfelder, etc.)	8
Gebotene Aufstiegsmöglichkeiten	4
Zusatzleistungen (z.B. Vermögenswirksame Leistungen, Firmenwagen, etc.)	-

Seite 2, Frage 7: Auf was legen Sie bei Ihrer Bewerbung am meisten wert?

60 Teilnehmer

Dass ich mich online bewerben kann, um Zeit und Kosten sparen zu können	15
Dass meine Bewerbung einen guten optischen Eindruck macht (hochwertige Bewerbungsmappe, Anordnung der Unterlagen, etc.)	35
Dass ich meine Bewerbung persönlich abgeben kann, um direkt einen bleibenden Eindruck hinterlassen zu können	10

Seite 2, Frage 8: Welche Medien haben Sie zur Jobsuche am häufigsten genutzt?

60 Teilnehmer

Stellenanzeigen in der Zeitung	27
Stellenanzeigen bei einer Jobbörse (z.B. monster.de oder stepstone.de)	19

Homepage der Unternehmen	12
Stellenausschreibungen in Ihrem täglichen Umfeld (z.B. Aushänge im Supermarkt, etc.)	2

Seite 2, Frage 9: Welche Social Media Anwendung nutzen Sie? (Mehrfachanworten möglich)
60 Teilnehmer

Facebook	41
XING	11
Twitter	4
Studi/MeinVZ	8
Wer-kennt-wen	12
LikedIn	-
myspace	3
keines	14

Seite 2, Frage 10: Wie oft nutzen Sie diese Anwendungen?
60 Teilnehmer

täglich	29
wöchentlich	12
monatlich	4
sehr selten (ein paar Mal im Jahr)	3
gar nicht	12

Seite 2, Frage 11: Sind Sie über diese Anwendungen schon einmal auf Jobangebot aufmerksam geworden?

60 Teilnehmer

Ja	11
Nein	49

Seite 2, Frage 12: Falls ja, wie konnte man hierfür Ihre Aufmerksamkeit gewinnen?

49 Teilnehmer

Durch Pop-Ups (Fenster oder Bilder, die „aufploppen")	-	
Durch grelle Farben	-	
Durch eine zentrierte Ansicht	-	
Durch eine kurze, gute Stellenausschreibung	9	
Durch eine gezielte Suche	4	
Sonstige	2	• Direkte Ansprache per PM • weiß ich nicht mehr
Bin bisher nicht durch Social Media auf ein Jobangebot aufmerksam geworden	34	

Literaturverzeichnis

Absolventa GmbH (Hrsg.) (Akademiker-Jobbörse, o.J.): Absolventa, in:
http://www.absolventa.de/, Abruf: 29.01.2012

Beck, Christoph (Personalmarketing 2.0, 2008): Personalmarketing 2.0:
Personalmarketing in der nächsten Stufe ist Präferenz-Management in: Beck,
Christoph (Hrsg.): Personalmarketing 2.0: Vom Employer Branding zum
Recruiting, Köln 2008

Bernauer, Dominik et al. (Social Media, 2011): in Bernauer, Dominik et al.
(Hrsg.): Social Media im Personalmarketing: Erfolgreich in Netzwerken
kommunizieren, Köln 2011

Bogen, Martina (Handbuch Personal, 2009): Handbuch Personal:
Personalmanagement von Arbeitsrecht bis Zeitarbeit, München 2009

Böhm-Rupprecht, Jolante et al. (Berufseignungsdiagnostik, 2003): Computer-
und Internetbasierte der Berufseignungsdiagnostik in: Konradt, Udo; Sarges,
Werner (Hrsg.): E-Recruitment und E-Assessment, Bern et al. 2003

Büdenbender, Ulrich; Strutz, Hans (Gabler Lexikon, 2005): Gabler Kompakt-
Lexikon, 2. Auflage, Wiesbaden 2005

Bühner, Rolf (Personalmanagement, 2005): Personalmanagement, 3. Auflage,
München 2005

Diercks, Joachim (Online-Assessment, 2011): Was ist eigentlich ein Online-Assessment, in: http://www.careerbuilder.de/blog/2011/01/24/was-ist-eigentlich-ein-online-assessment/, Abruf: 01.02.2012

Eisele, Daniela; Geke, Michael (E-Recruiting und E-Relationship-Management, 2003): E-Recruiting und E-Relationship-Management in Konradt, Udo; Sarges, Werner (Hrsg.): E-Recruitment und E-Assesment, Bern et al. 2003

Greinwalder, Hubert (Betriebsblindheit, o.J.): Betriebsblindheit in: http://www.greinwalder.com/share/pdf/news/Artikel_Betriebsblindheit.pdf, Abruf: 23.01.2012

Hesse, Gero (Unternehmenswebsite, 2011): in Bernauer, Dominik et al. (Hrsg.): Social Media im Personalmarketing: Erfolgreich in Netzwerken kommunizieren, Köln 2011

Hohlbaum, Anke; Olesch, Gunther (Human Resources, 2006): Human Resources: Modernes Personalwesen, 2. Auflage, Rinteln 2006

IG Metall (Hrsg.) (Leiharbeit, 2011): Mehr Leiharbeit und Minijobs – weniger Einkommen, in: http://www.igmetall.de/cps/rde/xchg/internet/style.xsl/leiharbeit-und-geringe-verdienste-eindaemmen-8108.htm, Abruf: 01.02.2012

Jung, Hans (Personalwirtschaft, 2008): Personalwirtschaft, 8. Auflage, München 2008

Kenk, Gerhard (Jobbörsen-Vergleich, 2011): Die größten Jobportale im Vergleich, in: http://www.hotelcareer.de/download/1/Jobboersenvergleich.pdf, Abruf: 30.01.2012

Krzywinska, Elzbieta (E-Recruiting, 2006): E-Recruiting: Vom Online-Fragebogen zum mehrstufigen Auswahlprozess per Internet, Saarbrücken 2006

Kürn, Hans-Christoph (Web 2.0 und Personalmarketing, o.J.): Kandidaten dort abholen, wo sie sind: Wie Web 2.0 das Recruiting und Personalmarketing verändert, in: http://www.trends-wege.com/Kuern.pdf, Abruf: 02.02.2012

Lugert, Sebastian, (Interne Personalbeschaffung 2009): Interne Personalbeschaffung, in: http://www.personal-wissen.de/interne-personalbeschaffung/, Abruf: 20.01.2012

Monster Worldwide Deutschland GmbH (Hrsg.) (Online Assessment, 2009): Online-Assessment, in: http://karriere-journal.monster.de/bewerbungs-tipps/assessment-center/online-assessment-41583/article.aspx, Abruf: 01.02.2012

Oechsler, Walter (Personal und Arbeit, 2006): Personal und Arbeit: Grundlagen des Human Resource Management und der Arbeitgeber-Arbeitnehmer-Beziehungen, 8. Auflage, München 2006

o.V. (E-Recruiting, o.J.): E-Recruiting, in: http://www.perwiss.de/e-recruiting-thema.html, Abruf: 07.02.2012

o.V. (Unsichere Beschäftigung, 2012): Unsichere Beschäftigung: Zahl der Leiharbeiter steigt auf Rekordhoch, in: http://www.spiegel.de/wirtschaft/soziales/0,1518,810307,00.html, Abruf: 01.02.2012

Rauscher, Bernhard (Emotionales Personalmarketing, 2008): Gefühle und Zahnräder: Emotionales Personalmarketing in der Absprache von technisch orientierten Zielgruppen – das Beispiel GETRAG FORD Transmissions in: Beck, Christoph (Hrsg.): Personalmarketing 2.0: Vom Employer Branding zum Recruiting, Köln 2008

Ritter, Andre (E-Recruiting, 2010): E-Recruiting: Eine moderne Form der Personalbeschaffung, München 2010

Schaper, Niclas (Online-Tests, 2009): Online-Tests aus diagnostisch-methodischer Sicht in: Steiner, Heinke (Hrsg.): Online-Assessment: Grundlage und Praxis von Online-Tests in Personalmarketing, Personalauswahl und Personalentwicklung, Heidelberg 2009

Schiller García, Jürgen (Personalmarketing und Internet, 2006): Personalmarketing und Internet: Grundlagen, Instrumente und Perspektiven der Online-Rekrutierung, Saarbrücken 2006

Scholz, Christian (Hrsg.) (Personallexikon, 2009): Vahlens Großes Personallexikon, München 2009

Siedler, Marcus; Wolanowski, Annetta (Digitale Bewerbungsformen, 2007), Digitale Bewerbungsformen: Das Online-Formular, in http://www.focus.de/finanzen/karriere/bewerbung/digital/tid-5710/digitale-bewerbungsformen-ii_aid_55964.html, Abruf: 31.01.2012

StepStone Deutschland GmbH (Hrsg.) (Bewerbung per E-Mail, 2011): Bewerbungen per E-Mail sind Standard, in: http://www.stepstone.de/Ueber-StepStone/presse/bewerbungen-per-e-mail-sind-standard.cfm, Abruf: 31.01.2012

StepStone Deutschland GmbH (Hrsg.) (Online-Jobbörsenpreise, o.J.): Jobbörse StepStone: Für Stellenanbieter, in: https://www.stepstone.de/Fuer-Stellenanbieter/produkte-preise/preisliste.cfm#Stellenanzeigen, Abruf: 30.01.2012

Straub, Dieter (Hrsg.) (Arbeitshandbuch, 2008): Arbeits-Handbuch Personal: Recht und Praxis für den Personal-Profi, 6. Auflage, Berlin 2008

Stricker, Katja (Online-Bewerbung, 2010): Auch nicht anders als auf Papier, in: http://www.zeit.de/karriere/bewerbung/2010-06/online-bewerbung-tipps/seite-1, Abruf: 31.01.2012

Theis, Ulf (Alexa-Ranking, o.J.): Alexa Ranking mit einfachen Tipps optimieren und kontinuierlich steigern, in: http://www.ulf-theis.de/suchmaschinen/alexa-ranking-mit-einfachen-tipps-optimieren-und-kontinuierlich-steigern.html, Abruf: 30.01.2012

Universität Mannheim (Hrsg.) (Jobbörse, o.J.): Stellenangebote von Firmen, in: http://www.uni-mannheim.de/jobboerse/, Abruf: 30.01.2012

Webgreenhorn (Hrsg.) (Alexa-Ranking, o.J.): Alexa-Rank – Für was er taugt, in: http://www.webgreenhorn.com/alexa-rank.php, Abruf: 30.01.2012